# LE

# GRAND APOTRE

## de l'Afrique

### AU DIX-NEUVIÈME SIÈCLE

OU

## Vie de Son Em. le Cardinal LAVIGERIE

PAR

## Louis D'ANNAM

**LYON**

LIBRAIRIE GÉNÉRALE CATHOLIQUE ET CLASSIQUE

*Emmanuel VITTE, Directeur*

LIBRAIRE-IMPRIMEUR DE L'ARCHEVÊCHÉ ET DES FACULTÉS CATHOLIQUES

18, rue de la Quarantaine, 18.

1899

LE

# GRAND APOTRE DE L'AFRIQUE

## *AU XIXᵉ SIÈCLE*

SON ÉMINENCE LE CARDINAL LAVIGERIE
ARCHEVÊQUE D'ALGER ET DE CARTHAGE.

# LE
# GRAND APOTRE

## de l'Afrique

*AU DIX-NEUVIÈME SIÈCLE*

OU

Vie de Son Em. le Cardinal LAVIGERIE

PAR

Louis D'ANNAM

LYON

LIBRAIRIE GÉNÉRALE CATHOLIQUE ET CLASSIQUE

*Emmanuel VITTE, Directeur*

LIBRAIRE-IMPRIMEUR DE L'ARCHEVÊCHÉ ET DES FACULTÉS CATHOLIQUES

18, rue de la Quarantaine, 18.

1899

# PRÉFACE

E 2 décembre 1552, sur le rivage de l'île de
Sancian, en face de la Chine que son zèle
ardent rêvait de conquérir à Jésus-Christ,
mourait François Xavier, l'apôtre des Indes. Depuis
dix ans et demi qu'il travaillait à la conversion des
âmes, il avait semé l'Evangile sur un espace de onze
cents lieues de pays, fait plus de courses et de voyages
que Jules César, accompli des prodiges comme les
apôtres, baptisé un million de sauvages, donné à
l'Eglise plus de royaumes que ne lui en avaient enlevés
Luther et Calvin.

Il était réservé à notre siècle de voir revivre le
grand apôtre dans la personne de Son Eminence le
Cardinal Lavigerie, et c'est pourquoi, au moment de
commencer cette étude, le nom de François Xaxier se
place obstinément sous ma plume. Je ne crois pas, en
effet, que depuis François Xavier, un homme ait
exercé une action apostolique aussi étendue et aussi
puissante, que celui dont j'entreprends d'écrire l'his-

toire. Un rapide coup d'œil sur sa vie prouvera que cette assertion n'a rien de trop hasardé.

Personne ne devine dans le jeune professeur de Sorbonne, dans le chapelain de Sainte-Geneviève, le futur apôtre du continent noir, lorsque la Providence, qui veille sur ses élus, lui révèle en temps opportun la mission qu'elle lui destine : « C'est comme directeur des écoles d'Orient, disait-il un jour, que je me suis trouvé pour la première fois en contact avec le pays infidèle. C'est en son nom que je suis allé, il y a près d'un quart de siècle, porter les secours de la charité catholique aux chrétiens de la Syrie, que j'ai vu pour la première fois leur soleil qui est le soleil de notre Afrique : que j'ai connu enfin ma vocation véritable. »

Envoyé à Rome comme auditeur de Rote, charge brillante qui conduit aux plus hautes dignités ecclésiastiques, il se sent mal à l'aise, obligé qu'il est de comprimer les élans du zèle qui le dévore. « Je ne voulais point rester à Rome, écrivait-il encore, la situation que j'y occupais était, il est vrai, à plusieurs points de vue magnifique, mais je n'étais pas là dans mon élément, je le répétais sans cesse à Pie IX qui m'honorait de ses bontés familières : « Je souffre trop « ici, Très Saint Père ; je ne suis pas né diplomate, « je suis né prêtre pour la diffusion de l'Evangile. »

Evêque de Nancy, il voit s'ouvrir un vaste champ à son ministère pastoral. Pendant son court passage sur ce siège épiscopal, sa charité sans bornes, ses pieuses libéralités (ce sont ses curés qui l'affirment), son zèle ardent pour la splendeur du culte, pour la gloire de Dieu et la sanctification des âmes, laissent dans les cœurs une impression ineffaçable.

*Enfin le moment est venu où le plan divin à son égard va se dévoiler complètement. Le maréchal de Mac-Mahon pressent tout ce que la France peut attendre d'un tel homme, et il propose son nom à l'empereur pour l'archevêché d'Alger. Après avoir prié, l'évêque répond : « Vous m'offrez un siège de tout point inférieur au mien et qui entraîne avec lui l'exil, l'abandon de tout ce qui m'est cher, vous pensez que j'y puis faire plus de bien qu'un autre, j'accepte ce douloureux sacrifice. » Le bien qu'il fait en Algérie et en Afrique, c'est — et ici, il faut choisir — l'adoption, dans des orphelinats soutenus par la charité catholique, de centaines d'enfants que la famine a jetés dans ses bras, l'établissement des villages chrétiens de Sainte-Monique et de Saint-Augustin, la création de la société de ses missionnaires d'Alger qu'il envoie dans les déserts du Sahara, en Kabylie, au Soudan, dans l'Afrique équatoriale, sur le bord des grands lacs ; c'est l'organisation religieuse de la Tunisie, abritée désormais sous les plis protecteurs du drapeau français ; c'est le relèvement du siège de Carthage dont il rappelle et ressuscite les gloires dans une fête incomparable, au son des cloches de Saint-Louis et au chant triomphal de l'Alleluia.*

*Pour soutenir toutes ces œuvres, il déploie une activité prodigieuse, use ses forces avant le temps par un travail sans trêve ni arrêt, parcourt l'Europe, prêchant, quêtant à la porte des riches pour émouvoir leur pitié et provoquer leurs généreuses aumônes, enthousiasmant les foules et forçant l'admiration des gouvernements eux mêmes par le prestige de son génie, de ses qualités personnelles et par la grandeur de ses œuvres.*

*Il pouvait donc dire en toute vérité avant de mourir :*
*« O ma chère Afrique, je t'avais tout sacrifié, il y a*
*vingt-cinq ans, lorsque, poussé par une force intérieure*
*qui était celle de Dieu, j'ai tout quitté pour me donner*
*à ton service. Depuis, que de traverses, de fatigues et*
*de peines. Je ne me les rappelle que pour exprimer en-*
*core une fois mon indicible espérance de voir la portion*
*de ce grand continent, qui a connu autrefois la reli-*
*gion chrétienne, revenir pleinement à la lumière ; et*
*celle qui est restée plongée dans la barbarie, sortir de*
*ses ténèbres et de sa mort. »*

*C'est donc surtout le missionnaire aux saintes ar-*
*deurs et aux nobles ambitions, dont je voudrais ra-*
*pidement esquisser la physionomie et raconter les*
*travaux. J'espère que la lecture de ces pages fera*
*aimer davantage l'Eglise et la France et éveillera,*
*dans quelques jeunes âmes, le désir de l'apostolat.*

*Ce serait la plus douce récompense de l'auteur.*

# CHAPITRE PREMIER



## I

Je vois toujours le salon de l'évêché de Bayonne, son meuble de velours jaune, le canapé sur lequel le bon évêque était assis et sa soutane violette dont j'approchais pour la première fois. Mais Mgr Lacroix m'eut bientôt rassuré ; « Vous avez donc la vocation d'être prêtre, me dit-il en m'attirant vers lui et en me caressant de ses mains vénérables. — Oui, monseigneur, lui répondis-je, enhardi par sa bonté. — Et pourquoi voulez-vous être prêtre, mon enfant ? — Pour être curé de campagne. » Mon père me regardait, étonné, surpris sans doute de ces goûts champêtres qu'il ne me connaissait pas. Mais l'évêque sourit et dit : « Vous irez

d'abord au séminaire de Laressorre, et puis vous serez ce que Dieu voudra. »

Celui qui ambitionnait ainsi à douze ans· les pénibles labeurs et la vie cachée du curé de campagne,
devait être un des hommes les plus actifs et les plus
entreprenants de ce siècle ; et son nom, au lieu de rester ignoré dans quelque humble village du Béarn,
devait retentir glorieusement dans le monde entier.
C'était le cardinal Lavigerie, archevêque de Carthage
et d'Alger, primat d'Afrique.

C'est aux portes de Bayonne, dans le quartier
Saint-Esprit, qu'il naquit, le 31 octobre 1825, de
Léon-Philippe-Allemand Lavigerie et de Laure-
Louise-Esménie Latrilhe. Son père, originaire d'An-
goulême, était contrôleur des douanes ; sa mère appar-
tenait à une famille très honorable du pays. Au baptême, on lui donna les noms de deux saints évêques,
Charles-Borromée et Martial, le disciple du Sauveur.
Il imita du premier la fermeté indomptable et la persévérance tenace, et emprunta au second l'ardeur
conquérante des apôtres.

Plus tard, lorsqu'il fut promu au cardinalat, il s'ad-
joignit un autre nom. Le curé de sa paroisse lui avait
fait parvenir la photographie de son acte de baptême.
L'archevêque lui répondit :

« Monsieur le curé, rien ne pouvait me toucher
davantage que l'envoi de cet acte de mon baptême,
avec les signatures de mes chers et vénérés parents et
du prêtre qui m'a fait enfant de son Eglise. A coup
sûr, il ne se doutait pas que ce petit enfant, dont il

faisait un chrétien, dût devenir un pasteur des âmes...
Je n'ai pas oublié que saint Louis, dont nous gardons
à Carthage le glorieux tombeau, se nommait lui-même
Louis de Poissy et non pas Louis de France, en souvenir de l'humble église où il avait été baptisé, esti-
mant la noblesse du titre de chrétien supérieure à
celle de sa race. Permettez qu'à son exemple, Monsieur le curé, je prenne aujourd'hui le titre de votre
église et que je signe avec un religieux respect :

> « Charles du Saint-Esprit,
> « Cardinal de la sainte Eglise romaine. »

N'est-pas charmant de foi, de délicatesse et de cœur ?


## II


Dieu, qui aime son Eglise, a dû semer à tous les
points de l'espace, avec une abondance digne de son
cœur, les vocations sacerdotales. Mais pour n'être
pas étouffées dans leur germe, pour se former, croître
et s'épanouir, elles demandent un milieu favorable.
C'est au père et à la mère qu'incombe d'abord le soin
de chercher et de cultiver la vocation de leurs enfants,
et de travailler doucement et délicatement à son éclo-
sion en lui faisant de leurs paroles, de leurs exemples,
de leur piété une atmosphère chaude et vivifiante. La
famille Lavigerie, tout en étant profondément honnête,
n'était pas assez pénétrée d'esprit chrétien pour exercer cette influence bénie sur le jeune Charles. Deux
humbles filles employées comme domestiques dans la

maison paternelle furent les instruments choisis par la Providence pour mêler aux premières lueurs de son intelligence le rayon de la foi, et diriger vers Dieu les premiers élans de son cœur. Elles produisirent sur son âme une forte impression religieuse dont il devait garder un impérissable souvenir.

« L'une s'appelait Marianne, l'autre Jeannette. C'étaient Marianne et Jeannette qui lui avaient fait dire ses premières prières, appris son cathéchisme et raconté l'Evangile. Elles le menaient aux offices; elles lui chantaient de beaux cantiques dans la langue du pays. Elles l'édifiaient surtout par leurs humbles vertus : « Mes frères, disait le cardinal à ses compa- « triotes réunis dans leur église pour le fêter, si je « suis ce que vous me voyez aujourd'hui, c'est à ces « deux saintes filles que je le dois. Combien donc il « importe de ne placer auprès des enfants que des « personnes chrétiennes. »

« Or, pendant qu'il parlait ainsi, l'une de ces deux servantes était là. Jeannette vivait encore, plus qu'oc- togénaire ; et là, au pied de la chaire, entendant peu, admirant tout, elle ne se lassait pas de lever sur la robe rouge et la barbe blanche de son jeune maître des yeux éblouis et mouillés de larmes » (1).

Placé dans une florissante maison d'éducation de Bayonne, la pension Saint-Léon, Charles occupa le premier rang de sa classe, et en devint « l'élève le plus brillant ». Il se montra, dès lors, ce qu'il devait res-

(1) Cfr. Mgr BAUNARD : *le Cardinal Lavigerie*, t. I, p. 5.

ter plus ou moins dans le cours de son existence : nature vive, mais aimable, impétueuse, spontanée et franche, avec de l'esprit, de l'initiative, une gaîté communicative, des brusqueries, des saillies parfois bizarres. Ses condisciples l'admiraient et l'aimaient.

Il est raconté de Combalot, de Lacordaire, et, dit-on, aussi de Bossuet, qu'ils préludèrent à leur futur apostolat par des sermons enfantins qui révélèrent leurs aptitudes pour la chaire. On trouve dans l'enfance de Mgr Lavigerie des traits du même genre qui font sourire : mais qui sont cependant des indices précieux à recueillir. Charles, de bonne heure, se fit le chapelain de sa famille. Bon gré, mal gré, il fallait assister à sa messe, entendre ses prédications, recevoir ses absolutions. Personne ne pouvait se soustraire à son autorité, ni ses bonnes qu'il accaparait comme pénitentes et faisait agenouiller à ses pieds ; ni même sa grand'mère à qui il attribuait les fonctions d'enfant de chœur. Non content d'exercer son ministère dans le cercle restreint de la famille, il voulait le porter au dehors, et son zèle intolérant poursuivait dans les rues les juifs, ses camarades, dont il voulait faire des chrétiens et à qui il administrait un baptême forcé dans les eaux de l'Adour.

Il y avait donc en Charles l'étoffe d'un prêtre et d'un apôtre. La première communion allait d'ailleurs donner plus de précision à ces aspirations, et faire de ces rêves d'enfant des résolutions définitives et iné-branlables. Cette rencontre de son âme avec le Maître qu'il devait si bien servir resta vraiment la plus auguste et la plus solennelle des actions de sa vie, parce qu'elle décida irrévocablement de son avenir.

## III

Pour la plupart des enfants, la première communion est une grâce d'impression très douce et très pénétrante. Entre toutes nos communions, il en est une que nous préférons, une à laquelle nous pensons toujours, une qui est notre plus doux souvenir... c'est notre première communion. « Oh ! comme nous y sommes disposés, soit par l'innocence de notre première vie, soit par le premier repentir de nos fautes ! C'est alors que Jésus-Christ, entrant pour la première fois dans notre âme, nous a donné son premier baiser de paix, sa première caresse... C'est alors que nos larmes ont été si douces, nos chants si angéliques, nos prières toujours exaucées, c'est alors que notre foi a été plus vive, notre espérance plus ardente, mais c'est alors surtout que nous avons le plus aimé ! »(1).

Pour Charles Lavigerie, la première communion fut tout cela sans doute ; mais elle fut aussi une grâce de lumière. Il vit clairement que Dieu voulait faire de lui un de ses prêtres..., il le vit..., il le crut..., il le dit. Il le dit à ses parents qui caressaient pour lui d'autres espérances, il le dit avec une telle ténacité et une telle constance que les portes du séminaire de La-

(1) Mgr DE LA BOUILLERIE.

ressorre s'ouvrirent bientôt devant lui... Il avait alors quinze ans et il entrait en seconde.

Il n'y resta qu'un an, le temps d'y révéler les ressources de son esprit, de son cœur et de son caractère, et aussi les saillies impétueuses de son exubérante nature. L'année suivante, nous le trouvons à Paris, au petit séminaire de Saint-Nicolas. Des prêtres amis, ne pouvant se résoudre à voir échouer, pour une misérable question d'argent, une vocation qui promettait tant pour l'Eglise, avaient sollicité et obtenu son admission comme boursier dans cette maison où l'abbé Dupanloup déployait alors toutes ses riches qualités d'éducateur. Mgr Lavigerie va nous dire lui-même l'extraordinaire ascendant que cet incomparable initiateur exerçait sur ses élèves :

« Je n'ai vu l'évêque d'Orléans de près, écrivait-il à l'abbé Lagrange, qu'au petit séminaire de Paris, où j'ai passé deux années sous sa conduite; pour ce que j'ai vu, vous ne dites rien de trop. Jamais maître chrétien n'exerça une action plus extraordinaire. Je m'en suis surtout rendu compte depuis que j'ai pu comparer les hommes en tant de lieux divers. L'année dernière, me trouvant en France, je voulus visiter le séminaire de Saint-Nicolas, dont il était le supérieur. Ce fut pour moi la vraie révélation de son génie. Cette maison vieille et sombre, ces corridors sans lumière, cette cour enfoncée où l'air n'entre que du haut des murs, comme dans une prison, ce quartier Saint-Victor, avec ses souillures, tout y donne l'impression de la tristesse et du dégoût. Et, cependant, j’avais vu dans ces mêmes lieux la jeunesse la plus vivante, la plus brillante, la plus heureuse. Lorsque j’y vins dans mon enfance, je quittais les montagnes, le ciel de mon pays natal et le petit séminaire de Laressorre, qui s’élève au-dessus des vallées de la Nive, sur les premiers contreforts des Pyrénées : tout ce que la nature peut offrir de plus enchanteur et de plus suave. C’était au mois d’octobre. Les brouillards de l’hiver obscurcissaient déjà ce triste séjour. Quel contraste ! J’en faillis mourir. Mais, peu à peu, dans ces ombres, je vis se lever un autre soleil qui échauffa mon âme et qui l’éveilla de l’engourdissement où elle s’était ignorée jusqu’alors, qui bientôt inonda tout de sa lumière. C’était lui dans toute l’ardeur de son esprit, de son cœur ouvert à tous les saints enthousiasmes, qui transfigurait ainsi ce qui nous environnait, qui nous transportait tous, maîtres et élèves, sur les sommets les plus purs des choses divines et humaines. Son port, sa démarche, son regard, sa parole, la foi que révélaient des accents si pénétrants et si nouveaux, tout nous subjuguait dans un mélange d’admiration, de crainte et de respect, que je n’ai plus retrouvé nulle part au même degré. Il s’en servait pour nous entraîner, à la manière d’un ouragan de lumière et de feu, courbant et absorbant tout, comme c’est la loi des personnalités puissantes, égoïstes en apparence pour ceux qui ne voient que le dehors, mais en réalité chez lui, tout le contraire ; car s’il voulait tout prendre, c’était pour tout donner à Jésus-Christ, selon le plan divin tracé par saint Paul :

« *Omnia vestra sunt, vos autem Christi.* » (Lettre de
Mgr Lavigerie à Mgr Lagrange).

C'est sous la direction de cet éducateur « sans
rival » (1) qu'il acheva le cours de ses études. Peut-
être y eut-il alors dans son esprit quelques hésitations
au sujet de la carrière qu'il devait embrasser, et se
demanda-t-il si la Providence ne le voulait pas dans
le monde. Il était moins affirmatif qu'autrefois sur sa
vocation. Mais ces doutes sur l'appel de Dieu se dis-
sipèrent au moment opportun, et en octobre 1843, il
franchissait le seuil du séminaire d'Issy. Il avait dix-
huit ans : son avenir allait se décider pour ce monde
et pour l'autre.


## IV


Le séminaire est un merveilleux noviciat pour la
formation des jeunes aspirants à la plus sublime des
vocations. Au séminaire, l'âme s'assouplit au contact
d'une discipline forte et douce, car si rien n'est ma-
ternel comme Saint-Sulpice, ainsi que le disait
Fénelon, rien n'est plus crucifiant pour la jeunesse
que cette maternité surnaturelle qui force à se renoncer soi-même pour revêtir l'homme nouveau. Mais
il serait dangereux de vouloir faire entrer indistinctement toutes les natures dans le même moule ; c'est
ce qu'avait compris le Supérieur éminent qui gouvernait alors Saint-Sulpice et qui a laissé un souvenir

(1) M. RENAN.

inoublié, fait de la vénération et du tendre attachement de tous ceux qui l'ont approché. Il savait ménager avec une douceur et un tact infinis pour ne pas briser ni froisser.

« Il avait grandement égard, est-il dit dans sa vie, au caractère, à l'âge, aux dispositions de chacun de ses élèves. En conséquence, il était certaines prescriptions de la règle qu'il n'appliquait pas à tous indistinctement avec la même rigueur, exigeant plus de quelques-uns, se montrant plus facile pour d'autres. Il conduisait chacun d'eux suivant la connaissance qu'il avait de son caractère et de sa vocation. »

C'était bien ce qu'il fallait pour l'abbé Lavigerie. On eût beaucoup risqué à vouloir brusquer la spontanéité de son tempérament et les ardeurs de ses vingt ans.

Mais, s'il ne savait pas se plier scrupuleusement à toutes les exigences du règlement, il n'en était pas moins un séminariste sérieux, comprenant la nécessité d'élever son âme, par l'apprentissage des vertus sacerdotales, jusqu'à la hauteur du ministère qu'il devait remplir un jour.

Les souvenirs du séminaire devaient rester profondément gravés au fond de son âme. Ils se réveillèrent dans une circonstance que nous voulons faire connaître.

« Un jour, dit M. l'abbé P. Fesch, dans son livre *Saint-Sulpice et les Sulpiciens*, je me trouvais dans ma chambre, située au 3ᵉ étage sur la place et, par conséquent, pourvue d'une antichambre et d'une double porte, quand trois coups discrets se firent entendre. « Ouvrez ! » m'écriai-je, et je me levai rapidement, étonné que l'on entrât dans l'antichambre. A peine avais-je eu le temps de m'arrêter à la porte de ma cellule qu'elle s'ouvrit, et un majestueux vieillard à barbe blanche apparut : c'était le cardinal Lavigerie !

« Monsieur l'abbé, me dit-il, je viens, avec l'auto« risation de M. le Supérieur, vous demander la « permission de faire une petite prière dans mon « ancienne chambre. »

« Et le vénérable Cardinal s'agenouilla sur le parquet rugueux, au pied de ma pauvre couchette. Il pria longtemps la tête dans ses mains. Et moi, adossé à ma cheminée, derrière lui, je pensai : Que diraient les gens du monde, s'ils voyaient le grand Evêque, qui porte dans son cœur, unies dans un égal amour, l'Eglise et la France, vénéré des Arabes, des nègres, plus peut-être que de ses compatriotes, que diraient-ils s'ils le voyaient ainsi humblement prosterné dans sa chambre de séminariste ? Ne traiteraient-ils pas cela de petitesse ? Après s'être relevé, Mgr Lavigerie me prit paternellement par le bras, et, me conduisant à la fenêtre, me raconta, comment il avait vu de là les terribles journées de 1848 ; puis il partit me donnant sa bénédiction. »

Et l'abbé Paul Fesch ajoute : « O cellule ! ils sont bien puissants les liens qui nous rattachent à toi, pour que ce vaillant Apôtre, dont bientôt les regards auront percé les ténébreuses forêts de l'Afrique, eût songé, malgré ses préoccupations de tout genre, à venir respirer le parfum de ces murs qui ont abrité sa jeunesse sacerdotale !

> Objets inanimés, avez-vous donc une âme
> Qui s'attache à notre âme et la force d'aimer ?

Après six ans de cette vie de silence, de prière et d'étude, l'abbé Lavigerie recevait le sacerdoce des mains de Mgr Sibour, le 2 juin 1849, dans l'église de Saint-Sulpice.

C'est dans cette même église que, près de quarante ans plus tard, il reparaissait pour plaider auprès de la charité parisienne la cause de ses œuvres d'Afrique, compromises par les votes de la Chambre, qui lui retirait les crédits nécessaires à leur fonctionnement. Il avait devant lui le grand séminaire, qui lui rappelait sa jeunesse cléricale, il voyait la place où il avait immolé à Dieu sa vive jeunesse, le jour de son sous-diaconat et reçu l'onction et les pouvoirs du sacerdoce.

Devant tous ces souvenirs qui affluaient à sa mémoire et à son cœur, il fut saisi d'une émotion irrésistible qu'il communiqua à son auditoire littéralement empoigné : « *Junior fui, etenim senui.*

« Moi aussi, s'écria-t-il, j'ai été jeune et me voilà vieux. Ma jeunesse, tout dans cette église me la remet sous les yeux. Je vois d'ici et ces élèves du cher séminaire où j'ai passé des années si heureuses, et cet autel où j'ai reçu les saints ordres, et ces dalles même où je me suis étendu trois fois dans l'émouvante cérémonie de la prostration. Mais à ces deux souvenirs se mêlent aussi des idées plus austères. L'archevêque de Paris qui m'a fait sous-diacre a été tué sur les barricades ; l'archevêque de Paris qui m'a fait prêtre a été assassiné dans le sanctuaire ; l'archevê- de Paris, que j'ai remplacé sur mon premier siège épiscopal, a été fusillé comme otage. Grand Dieu ! à quels temps sommes-nous donc revenus ! Malheur à toi ! Jérusalem, qui tues les prophètes et mets à mort ceux qui te sont envoyés ! Et vous, mes chers enfants, l'honneur et l'espoir de l'Eglise, comprenez ce qu'il vous faudra de zèle, de vaillance et de piété pour être dignes de votre destinée. »

Quel essor allait-on donner aux précieuses qualités de ce jeune prêtre? Telle était la question que ses supérieurs ecclésiastiques devaient se poser.

Ses brillants succès au petit et au grand séminaire, la facilité, la promptitude et la pénétration d'intelligence dont il avait fait preuve semblaient le désigner pour l'enseignement. Il fut envoyé à l'école des Carmes pour s'y préparer au doctorat ès lettres.

Nous ne le suivrons pas dans les différentes étapes de sa vie depuis le 12 juillet 1850, jour où il conquit son diplôme de docteur ès lettres, jusqu'en 1856, époque à laquelle il fut nommé directeur de l'œuvre des Ecoles d'Orient.

Professeur au petit séminaire de Notre-Dame des Champs, aumônier des Bénédictins du Saint-Sacrement, chapelain de Sainte-Geneviève, professeur à la Sorbonne, il occupe dignement ces différentes situations ; mais il sent qu'il n'est fait définitivement pour aucune. Il vit séparé du monde et de ses fêtes, dans un modeste appartement, partageant son temps entre le travail, la prière et les fonctions de son ministère, se délassant joyeusement en la compagnie de quelques confrères choisis, encouragé, guidé, soutenu par un prêtre éminent, M. l'abbé Maret, doyen de la Sorbonne. C'est alors que la Providence commence à lui faire entrevoir sa vocation véritable. La direction de l'œuvre des Ecoles d'Orient va lui servir de préparation au ministère apostolique, et donner plus d'expansion à sa nature si bien douée pour l'action.

# CHAPITRE II

« J'étouffais dans ma chaire de Sorbonne. » — Les écoles d'Orient.
— « Vous voilà à l'eau : maintenant, il faut nager. » — Les succès
et les tribulations d'un quêteur. — Les massacres de Syrie. —
Départ de l'abbé Lavigerie pour le Liban. — La croix de la
Légion d'honneur. — L'auditorat de Rote. — L'épiscopat de
Nancy. — Les grandes œuvres. — Le contact avec le peuple. — « Le
bon Dieu dans la maison du diable. » — Un sermon inattendu. —
Un songe mystérieux. — La nomination à Alger.

## I

J'ÉTAIS donc professeur à la Sorbonne : rien
ne me faisait prévoir que je dusse quitter
la vie paisible du professorat où j'étouffais
pourtant pour une vocation si différente. C'est ce qui
arriva néanmoins tout d'un coup. Voici comment :

« J'avais pour confesseur le saint et illustre Père
de Ravignan avec lequel j'avais été attiré par la vertu,
par son grand caractère et aussi par les souvenirs de
la patrie commune, car il était originaire de Bayonne ;
et mon enfance s'était passée à vingt-cinq ans de distance presque tout entière à l'ombre de la même

vieille cathédrale, dans une maison de la rue où s'était passée la sienne.

« Ce grand religieux, maître consommé dans la conduite des âmes, ne me disait jamais rien directement contre la vie d'études et de professorat où l'obéissance m'avait engagé, mais souvent et sans s'expliquer davantage, il me répétait qu'il voyait un autre horizon pour moi.

« Un jour, il me raconta que le R. P. Gagarin était venu le trouver la veille pour lui exposer que les membres de l'association naissante de l'école d'Orient, voyant la difficulté pour des laïques d'organiser et de répandre une œuvre qui a besoin du concours constant des fidèles, étaient résolus d'en confier la direction à un ecclésiastique et, à brûle-pourpoint, il me dit en souriant : « Tous ces messieurs de l'Insti-
« tut ont naturellement pensé à un professeur de la
« Sorbonne et ils vous désirent. Ils m'ont chargé de
« vous demander. »

« Je ne fus ni surpris, ni troublé d'une telle ouverture. « Si vous croyez, mon Père, que ce soit la volonté
« de Dieu, répondis-je, je suis prêt. — Je le crois, »
me dit le Père simplement.

« En ces trois mots, tout fut conclu. Le lendemain, le ‘P. Gagarin venait me prendre dans le petit appartement que j'occupais, rue du Regard, et il me conduisit rue de l'Université, au dépôt de cartes et places de la Marine où le conseil laïque se trouvait réuni, sous la présidence de l'excellent amiral Mathieu, frère du cardinal archevêque de Besançon. Le Père ne me laissa pas le temps de parler. Il expliqua que c'était chose faite, et je n'eus qu'à recevoir les remerciements du conseil. Ces remerciements furent bientôt suivis de la remise de tous les registres et de la caisse, trop facile à porter, car on venait de tout distribuer aux établissements orientaux avec le regret renouvelé chaque année de n'avoir pas distribué dix fois davantage.

« C'était à la fin de 1856; en sortant, le P. Gagarin me regarda avec un franc rire : « Vous voilà à l'eau, « mon cher abbé, me dit-il, maintenant il faut « nager. »

II

L'œuvre des Ecoles d'Orient avait pour but de faire aimer et la France et l'Eglise par la création d'écoles que soutenait la charité des gens de bien. Les noms les plus illustres figuraient sur la liste de ses membres, et le concours d'hommes dévoués comme le baron Cauchy, François Lenormand et le P. Gagarin, semblait lui promettre un rapide accroissement. Il n'en fut rien.

Une vente de charité avait fourni les premiers fonds; l'année suivante, malgré les efforts généreux et le zèle de tous les sociétaires, on n'avait en caisse que 16.000 francs. C'était trop peu, pour tant d'écoles à soutenir. Il fallait aviser.

..... C'est alors qu'on eut recours à l'abbé Lavigerie et qu'on lui remit entre les mains le sort d'une œuvre

qui, dans une situation plus prospère, pouvait faire
tant de bien. A peine installé, le nouveau directeur
se mit au travail. Trois mots résument son œuvre :
il parla, il quêta, il agit.

Il parla par la presse dont il devait user si largement toute sa vie. Pendant les loisirs que lui laissaient ses leçons de la Sorbonne, ou durant ses
vacances, il partait en courses apostoliques et parlait
dans la chaire des églises de Paris ou de la province,
dont on lui permettait l'accès. Avec l'accent d'une éloquence vraie, il plaidait la cause de ces nations orientales, autrefois glorieuses et riches de vitalité religieuse
et maintenant assises dans les ombres de la mort et
attendant leur relèvement de notre charité. Quelquefois, il fallait forcer les portes...; mais rien ne pouvait
lasser, ni décourager l'infatigable prédicateur. Lorsqu'on lui disait comme certain grand vicaire : « Dans
ce pays, on ne se laisse pas facilement émouvoir par
les étrangers. Croyez-moi, renoncez à prêcher, votre
insuccès est certain. » Il répondait :

« Pour le sermon, je suis à bonne école. A la Sorbonne, les auditeurs ne sont pas nombreux ; comme
saint François de Sales, je me contente de trois personnes. »

Il parlait sans doute pour faire connaître son œuvre,
mais surtout pour atteindre la bourse de ses auditeurs. Eclairer l'esprit, toucher le cœur, ouvrir la
bourse : voilà la tactique du quêteur. Le dernier
point était le plus délicat. C'est une pénible tâche
que celle de frère mendiant ; à notre époque surtout,

où tant de besoins pressants ont fait surgir des œuvres nécessaires, les ressources de la charité catholique sont disputées de tous côtés.

L'abbé Lavigerie était bien doué pour ce métier. Il avait du tact, de la finesse, de la ténacité.

Il ne se contentait pas de parler du haut de la chaire, il allait à domicile solliciter les personnes généreuses.

« Oh ! quels souvenirs, écrivait-il plus tard, et combien, depuis ce temps, je prends pitié des quêteurs ! J'ai acquis l'expérience que tout missionnaire doit avoir deux côtés dans son bissac : l'un pour les aumônes, c'est le bénéfice des œuvres ; l'autre pour les mauvais compliments, c'est son propre bénéfice. »

Volontiers, dans le cours de sa vie, il faisait allusion à ce temps-là. Un jour qu'il présentait des prêtres de son diocèse à Mgr Livinhac, il leur disait avec émotion : « Demandez à Mgr Livinhac de vous bénir en même temps que moi. Rappelez-vous les épreuves qu'il a souffertes pour Jésus-Christ, et pensez, messieurs, que ses mains ont subi les liens du martyre. » Et tout aussitôt, pour échapper à l'attendrissement qui faisait jaillir les larmes des yeux de ses auditeurs, le cardinal se hâtait d'ajouter en riant : « Avec ces mains-là, quelles riches quêtes j'aurais faites. »

Tant de peines, de zèle et de travaux produisirent un résultat très appréciable. Les recettes, de 16.000 fr. en 1857, montèrent à 46.000, et en 1859, elles atteignirent le chiffre de 60.391 francs.

L'œuvre des Ecoles d'Orient allait d'ailleurs conquérir une place honorable parmi les grandes œuvres catholiques, à la suite de circonstances qui devaient mettre en évidence et son utilité et le zèle de son directeur.

### III

Au commencement de 1860, des signes non équivoques d'hostilité se manifestèrent en Syrie, contre les chrétiens du Liban.

A un jour donné, vers la fin de mai, les chrétiens sans défense virent leurs montagnes, leurs villes, leurs villages, leurs maisons cernés par des bandes farouches qui ne respiraient que le sang et l'incendie. Deux cent mille d'entre eux furent massacrés. Toutes les églises qui se trouvaient en dehors de la montagne furent détruites, les maisons pillées et la plupart rasées. Jamais on ne vit un plus affreux spectacle.

Qu'était donc cette nation maronite que le fer et le feu venaient presque d'effacer du nombre des peuples, sur laquelle s'était rué le fanatisme des barbaries orientales? Cette branche de la famille catholique habitait les gorges du Liban depuis quatorze siècles. Elle avait eu pour fondateur et pour patriarche un pieux solitaire que saint Jean Chrysostome honorait de son estime et qui la couvre encore de la gloire de son nom, saint Maron. Pendant cette longue succession d'années, elle avait conservé, malgré d'innombrables persécutions, la ferveur et l'intégrité de sa foi primordiale; son attachement à l'Eglise s'était fortifié

par ses épreuves mêmes. Chez elle, les mœurs étaient
aussi pures que les croyances étaient restées fortes et
saines. Les vertus et les institutions religieuses y fleu-
rissaient avec éclat. Presque sur chacune des cimes
qui découpent ces régions abruptes et pittoresques
s'épanouissaient des monastères et des églises.....
Aussi l'apostolat du Liban était-il l'objet de la pré-
dilection des missionnaires. « Je doute, écrivait l'un
d'eux, s'il en est d'autres aussi bien partagés que
nous, car avant d'aller au ciel, quel est le plus bel
héritage que le Liban, seule terre d'Asie où la croix
soit toujours restée debout au milieu des populations
courbées sous le joug du croissant, terre sacrée où le
missionnaire heureux se dévoue avec amour en contemplant le Calvaire ?» (R. P. BADOUR, 8 octobre 1851).

Maintenant, tout était détruit, profané, mis à mort
ou réduit en cendres.

Les auteurs de cette ruine immense étaient les
Druses, race idolâtre et sanguinaire. Autrefois chas-
sés d'Egypte par les musulmans, ils avaient été
recueillis par les Maronites qui les avaient admis avec
une imprudente générosité à partager leur territoire.
C'étaient donc les bienfaiteurs de leurs pères qu'ils
avaient choisis comme victimes.

Aux premières lueurs de l'incendie allumé par eux
dans le Liban, les Kurdes, les Bédouins, les Ansariés,
les Métualis, hordes sauvages de la contrée, étaient
accourus comme des oiseaux de proie. Mais les plus
coupables auxiliaires de ces massacres, s'ils n'en furent pas les promoteurs, étaient les autorités locales

de la Turquie qui feignaient de couvrir les Maronites de leur protection et qui les livraient ensuite traîtreusement à la fureur de leurs persécuteurs. Jamais le ciel de l'Asie n'avait été témoin de pareils emportements. La plume se refuse à décrire tous ces actes de barbarie.

Une femme s'enfuyait vers la ville de Saïda avec ses trois enfants ; un Druse la rencontre, il la force à s'assoir et massacre ses enfants sur ses genoux.

Un curé maronite suivait la même route, conduisant cinq enfants : les musulmans le coupent en morceaux et écartellent les enfants.

Dans un village très voisin de Saïda, une troupe de musulmans et de Druses surprennent quelques chrétiens occupés au dépiquage de leur blé ; ils les entourent, les forcent à terminer leur travail, à placer le grain dans des sacs tout prêts à être enlevés ; puis cela fini ils les égorgent pour salaire.

A Djezzin, une partie de la population était parvenue à s'échapper ; elle est poursuivie par les assassins. Douze cents Maronites se réfugient dans un bois ; les Druses et les musulmans cernent le bois et y mettent le feu. A mesure que l'incendie force un chrétien à sortir, il est immédiatement immolé, les autres périssent dans les flammes.

De tous les couvents des environs de Saïda, le plus important était le monastère grec uni de Deïr-el-Moukhal-lys. Au commencement même de la guerre, les Druses avaient fait dire aux moines de rester parfaitement tranquilles. Le 4 juin, les portes du monastère sont subitement forcées, cent cinquante moines et frères tombent sous les coups des assassins et le couvent est entièrement pillé.

A Zalleh, deux pères et trois frères de la compagnie de Jésus consommèrent leur apostolat par le martyre. L'un de ces religieux, le père Massoud, se fit tuer devant le tabernacle de l'autel, en défendant le saint Sacrement qui fut foulé aux pieds après sa mort.

A Damas, sur vingt-quatre mille chrétiens, les musulmans en égorgèrent au moins onze mille. Ces barbares ne se bornaient pas à tuer simplement ; mais ils exerçaient les plus abominables cruautés. Un de leurs supplices favoris était de jeter les chrétiens vivants dans d'immenses brasiers allumés au milieu des rues.

Si quelque chose pouvait racheter l'infâme conduite des musulmans de Damas, c'est la noble attitude de l'émir Abd-el-Kader. Lorsque les troubles commencèrent et que l'émir apprit quels dangers menaçaient les chrétiens, il alla trouver le conseil militaire du pacha de Damas, et déclara que le premier qui lèverait le sabre sur un chrétien périrait de sa main. Ce courageux et énergique langage avait retardé pour un mois le carnage ; mais bientôt le massacre éclata. Ne pouvant empêcher le désastre, Abd-el-Kader se retira dans sa vaste demeure, mise en état de défense, et en fit un asile ouvert à tous les chrétiens. Là, s'abritèrent, entre autres les consuls, les pères Lazaristes, et les sœurs de charité. Neuf jours durant, l'émir disputa ainsi les victimes aux assassins ; et quand le carnage se fut arrêté, ses cavaliers escortèrent jusqu'à Beyrouth les quinze mille chrétiens qu'il avait arrachés à la mort.

## IV

Lorsque les détails de ces scènes sanglantes furent connus en Europe, ils excitèrent la plus vive pitié pour les malheureuses victimes. La France, en particulier, ne pouvait et ne voulait pas laisser s'éteindre son indignation dans une compassion stérile; il y avait à accomplir une œuvre de réparation et de justice, et une œuvre de charité.

La première fut confiée au courage de nos soldats. Le gouvernement envoya en Syrie un corps expéditionnaire sous le commandement du général de Beaufort d'Hautpoul. « Vous ne partez pas en grand nombre, leur dit l'empereur à leur départ, mais votre courage et votre prestige y suppléeront, car partout aujourd'hui où l'on voit passer le drapeau de la France, les nations savent qu'il y a une grande cause qui le précède et un grand peuple qui le suit. » Malheureusement la mauvaise foi des Turcs et leur alliance secrète avec les Druses paralysèrent l'action de nos troupes et favorisèrent la fuite des coupables. Il n'y en eut que fort peu de pris.

Il restait à faire œuvre de charité. La France comme toujours fut admirable d'élan et de générosité. L'abbé Lavigerie écrivit au clergé : « Dans leur détresse ces infortunés se sont souvenus de la France; c'est vers elle que s'élèvent les plaintes de ces martyrs, de ces confesseurs de notre foi. C'est en leur faveur que le conseil de l'œuvre des Ecoles d'Orient a voulu élever la voix, persuadé que les *catholiques de France n'ont pas oublié les antiques liens qui les rattachent à cette nation maronite que l'on a si justement nommée la France de l'Orient. Je m'adresse donc à vous avec confiance. Je viens vous demander, pour cette œuvre de charité et de foi, le concours de votre zèle. »* Cet appel fut entendu. L'argent afflua à l'œuvre des Ecoles d'Orient. À la fin d'août on avait reçu un million : les dons en nature encombraient les bureaux et l'appartement du directeur.

L'abbé Lavigerie se hâta d'expliquer quel usage on allait faire de tous ces secours : recueillir les orphelins et les veuves dans des asiles charitables, édifier de nouvelles maisons, nourrir et vêtir pendant l'hiver les survivants ruinés, donner des secours et des instruments de travail.

Pour soulager efficacement tous ces maux et remplir ce programme, le conseil décida d'envoyer en Syrie le directeur lui-même accompagné d'un secrétaire trésorier.

« J'étais convaincu que je ne reviendrais pas de ce voyage, écrivait-il ensuite, et que je mourrais sur cette terre d'Orient que j'allais secourir. Ma santé depuis longtemps profondément altérée, les fatigues d'un long voyage dans un pays étranger, les dangers de toute sorte que j'y pouvais courir étaient faits du reste pour m'inspirer cette pensée... »

C'est sous l'empire de ces tristes réflexions que

l'abbé Lavigerie quitta la France pour sa mission de charité. Il allait inaugurer sa vie de missionnaire.

En passant à Alexandrie, il laissa un premier secours de 4.000 francs aux sœurs de charité qui avaient reçu chez elles des femmes et des enfants échappés aux massacres. Débarqué à Beyrouth dans les premiers jours d'octobre, il commença à répartir, suivant les besoins, l'or dont la charité française l'avait fait le distributeur. Il fonda à Beyrouth un orphelinat de 400 jeunes filles maronites et à Zaleh un établissement analogue pour les garçons. C'est surtout entre les mains des sœurs de charité qu'il versa d'abondantes aumônes, sûr qu'elles sauraient panser toutes les plaies avec intelligence et dévouement.

Mais il ne se contenta pas de ce rôle : « C'est à la main qui nous apporte ces aumônes qu'il appartient de les distribuer elle-même », lui avait dit le patriarche maronite. L'abbé Lavigerie était donc parti à travers la Syrie et le Liban pour soulager et consoler, faire aimer et bénir l'Eglise et la France.

« Je viens, écrivait-il de Deir-el-Kamar, de traverser une foule de villages de la montagne et j'ai assisté à un spectacle aussi inattendu qu'émouvant, à l'occasion de l'entrée du consul de France dans quelques-unes des localités ruinées. Vous ne vous figurez pas le tableau saisissant qu'offraient ces pauvres paysans, presque en haillons ou revêtus des habits que nous leur avions donnés, venant décharger leurs armes en signe de joie, et entonnant leurs chants de guerre en l'honneur de la France. Au milieu de tout cela, le

clergé arrivant avec des lambeaux d'ornements sous-
traits au pillage, et les femmes faisant fumer l'encens
sur des assiettes de terre. Ce spectacle de tristesse et
de joie, ce deuil peint partout à côté des chants de
triomphe, me rappelaient, malgré moi, au milieu de
ces actes de la charité chrétienne, ce sourire, à travers les larmes, de la femme d'Hector dont parle le
vieil Homère.

« Ce contraste n'a pas marqué notre entrée à Deir-
el-Kamar. Ici tout est sombre et lugubre ; tout porte
l'empreinte du désespoir et de la mort.

« Je sors du sérail, où le pacha avait reçu six cents
chrétiens, en leur promettant la vie sauve s'ils dépo-
saient les armes. Le pavé des chambres, des terrasses, des cours, tout porte la trace de longs ruis-
seaux de sang, affreux témoignage de la perfidie et de
la cruauté des Turcs. Tous les chrétiens réfugiés
dans ce palais ont été massacrés, sauf un seul, qui
s'était caché sous un escalier, d'où il entendait tout,
et qui nous conduisait lui-même dans cette triste
visite. Il nous a montré la terrasse d'où le plus grand
nombre de ces infortunées victimes étaient précipitées par les soldats turcs, pour être reçues sur la
pointe des poignards des Druses et massacrées ensuite. Ils sont là encore, au nombre de plusieurs centaines, ces malheureux, à peine recouverts d'un peu
de terre et de chaux qu'ils doivent à la pitié de nos
soldats ; leurs bourreaux les avaient laissés absolument sans sépulture.

« Près de cette terrasse, il s'en trouve une autre,

dont la vue est plus atroce encore. On y voit, pratiqué dans un mur, un trou rond par lequel ces furieux forçaient leurs victimes à passer le bras; celles-ci étaient enfermées dans un appartement contigu auquel le mur servait de clôture. Ils pariaient alors à qui d'entre eux abattrait le mieux, d'un seul coup de sabre, le bras du patient. J'ai vu des flots de sang qui ont découlé de cet endroit horrible sur les murailles du palais, et les Turcs, qui l'occupent encore, n'ont pas même eu la pudeur d'effacer ces vestiges de leur cruauté !

« Quelle preuve plus accablante de la complicité des pachas que tout ce triste spectacle !

« En sortant du sérail, nous avons visité la maison qu'occupaient autrefois les sœurs Mariamettes. Là aussi on avait entassé, dans les chambres voûtées, des centaines de cadavres, et quoique nos soldats les eussent retirés depuis un mois, l'odeur était tellement insupportable que nous avons dû nous retirer à la hâte, ne pouvant y tenir.

« Un officier français nous a raconté que « le jour « de l'entrée de nos troupes à Deir-el-Kamar, plu- « sieurs centaines d'habitants des villages les sui- « vaient, cherchant dans les décombres les restes de « ceux qu'ils avaient aimés. Arrivés devant la maison « des Sœurs, une pauvre femme, éperdue de dou- « leur, se précipite sur ces cadavres en putréfaction, « qui étaient là depuis trois mois. Elle venait de « reconnaître les vêtements de son mari. Elle em- « brasse avec fureur ces tristes restes, et s'emparant,

« par un mouvement plus prompt que la pensée, de
« l'un des bras du cadavre, elle court toutes les rues
« de la ville, en criant vengeance contre les
« Druses !... »

« A quelques jours de là, une femme, la même
peut-être, qui avait vu toute sa famille massacrée sous
ses yeux, reconnaît, à Deir-el-Kamar, la femme d'un
Druse, l'un des assassins de son mari. Elle s'arme
d'une épée, poursuit la femme druse, se précipite sur
elle, la terrasse avec toute la force que donne le
désespoir ; quand elle tient son ennemie, elle fait le
signe de la croix et lève la tête au ciel en demandant
à Dieu la force de venger les siens, puis, d'un seul
coup de sabre, elle détache la tête de la femme druse.
Nos soldats, nos officiers étaient présents ; pas un
seul n'a eu le temps de s'opposer à cet acte de vengeance sauvage.

« Je n'ai rien vu de plus sublime que la pose et la
prière de cette femme, me disait un de nos officiers.
Hélas ! je n'ai jamais rien entendu qui ait plus désolé
mon âme ; jugez quelles douleurs il faut à des chrétiens pour préparer et pour exécuter des actes semblables !

« L'église maronite a été aussi visitée par nous...

« J'ai dit la messe à cette pauvre église, écrivait-il
encore le lendemain, 1er novembre ; je ne crois pas en
avoir jamais célébré de plus émouvante. Les habitants
de Deir-el-Kamar avaient été avertis de notre intention. M. le consul de France m'avait prévenu qu'il
désirait assister officiellement au saint Sacrifice, et le

commandant militaire avait mis un piquet à notre disposition. M. Najean, prêtre de la mission et aumônier des troupes expéditionnaires, m'avait envoyé, du château de Bet-Eddin, où les troupes sont cantonnées, les ornements nécessaires. A huit heures et demie, tout était prêt. Tout ce qu'il y avait de chrétiens à Deir-el-Kamar s'était rendu dans l'église. Je suis allé recevoir à la porte, d'une manière solennelle, le consul et les officiers. Lorsqu'ils sont parvenus jusqu'au fond du sanctuaire, les fronts des pauvres habitants se sont relevés pour la première fois. Ils semblaient voir, dans la réparation de leur culte, le gage le plus sûr de la réparation de leurs malheurs. La messe s'est dite en silence. Quand, au moment de la consécration, la voix de l'officier français qui commandait la troupe, a fait entendre le cri : Genou terre ! et qu'ensuite nos tambours ont résonné sous ces vieilles voûtes à demi-détruites et témoins de tant de crimes, l'émotion de tous a été profonde ; cette pauvre population était prosternée le front contre terre ; elle pleurait à la fois de joie et de tristesse, et ceux qui étaient là, prêtres et assistants, avaient aussi, je vous l'assure, les larmes aux yeux. »

De Deir-el-Kamar, l'abbé Lavigerie se rendit à Hamana. Tandis qu'il cheminait par quelqu'une de ces mauvaises routes, si nombreuses en ce pays, son cheval s'abattit et le cavalier fit une chute terrible.

« La chute fut si malheureuse, écrit-il, que mon épaule se trouva déboîtée et les ligaments du cou rompus. Vous l'avouerai-je, mon cher ami ? La faiblesse humaine a été plus forte que ma volonté ; je me suis trouvé mal sur le coup, et lorsque je revins à moi, on a dû me traîner, gémissant, par d'étroits sentiers, jusqu'à une filature française située à un quart d'heure. Là, le docteur Jaubery a pu remettre immédiatement en place les parties lésées, avec mon fidèle drogman, Michel Rose. »

L'intrépide abbé n'en continua pas moins sa marche, et il arriva à Damas. Là, huit mille chrétiens sur trente mille avaient péri. Les pertes matérielles étaient immenses. L'incendie avait tout dévoré. Les maisons, les églises, le patriarcat, les monastères de tous rites, le couvent des Franciscains.

L'abbé Lavigerie n'oublia pas, avant son départ de cette ville, de faire acte de reconnaissance envers le généreux émir Abd-el-Kader. Il alla lui rendre visite.

« Je n'oubliera pas aisément, dit-il, l'entrevue que j'eus alors avec l'émir. Sa figure calme, douce et modeste, sa parole grave, l'esprit de justice et de fermeté qui paraissait dans ses discours, répondaient à l'idée que, d'avance, je m'étais faite de lui.

« J'étais le premier prêtre français qui l'approchât, le premier même qui fût entré à Damas depuis les massacres. Un de nos plus illustres prélats (1) m'avait chargé, en partant, de lui rapppeler des souvenirs de son voyage en France, et de lui dire que sa conduite si noble ne l'avait point surpris, car il n'avait jamais connu d'homme qui pratiquât mieux la justice natu-

_______________

(1) Mgr Dupuch, premier évêque d'Alger.

relle. Je m'acquittai de ce message et d'autres encore exprimant la même pensée, et l'émir, se frappant la poitrine, à la manière arabe, me répondit :

« J'ai fait mon devoir et je ne mérite pas d'éloges
« pour cela. Je suis seulement heureux qu'en France
« on soit content de ce que j'ai fait, car j'aime la
« France, et je me souviens de tout ce que j'en ai
« reçu. »

« Je lui demandai alors s'il ne préférait pas le séjour de la Syrie à notre ciel brumeux et à notre froide
température :

« Ah ! me dit-il, le ciel d'Amboise est beau, mais
« pas aussi beau que celui de la Syrie ; mais le ciel de
« Pau me rappelait le mien. J'en ai gardé un bien
« doux souvenir. Je me rappelle combien on a été
« bon pour moi dans votre pays... »

« La conversation changea ensuite et porta sur les événements de Syrie et sur la part que lui-même y avait prise. Je l'écoutais avec admiration et avec bonheur, parler, lui, musulman, un langage que le christianisme n'eût pas désavoué. Lorsque je me levai pour sortir, il s'avança vers moi et me tendit la main. Je me souvins que c'était la main qui avait protégé contre la mort nos frères malheureux, et je voulus la porter à mes lèvres, en signe de reconnaissance et de respect ; mais il ne le voulut pas souffrir de moi, quoiqu'il acceptât cet hommage de tous les autres, parce qu'il voyait en ma personne un ministre de Dieu. »

La charité catholique avait donc fait son œuvre par

l'intermédiaire de l'abbé Lavigerie. Le dévoué directeur avait organisé en Syrie six comités de secours, et dépensé une somme de 1.156.512 francs. Il était nécessaire de continuer ces subsides pendant tout l'hiver et au delà, en puisant dans la caisse des Ecoles d'Orient qui contenait encore un million. Après avoir ainsi accompli sa tâche, songeant à son prochain retour, l'abbé écrivait : « C'est avec une vraie tristesse que je pars de ce pauvre et cher pays où notre conseil m'a envoyé... Je me suis attaché de cœur à ces pauvres chrétiens si dignes de pitié, à leurs chefs, à leurs évêques et à leurs prêtres. J'ai cherché à leur témoigner que je les aimais véritablement sans distinction de rite et de nationalité. »

Après six mois de séjour en Syrie, l'abbé Lavigerie rentrait en France accompagné des bénédictions de tout un peuple, et mis plus que jamais en lumière par les événements auxquels il avait été mêlé. La sympathie des catholiques, évêques, prêtres et fidèles lui était acquise, la faveur des hommes du gouvernement assurée. Le 12 février 1861, un rapport du ministre Rouland à l'empereur signalait la conduite de l'abbé Lavigerie comme digne d'éloges et louable pour notre pays, et priait Sa Majesté de lui conférer, comme témoignage de sa haute satisfaction, la croix de chevalier de la Légion d'honneur. Le Saint-Siège, de son côté, accueillait favorablement une proposition qui lui était faite par le ministre des affaires étrangères, en nommant auditeur de Rote le directeur de l'œuvre des Ecoles d'Orient. La voie des honneurs s'ouvrait devant l'abbé Lavigerie et il y entrait sous les auspices de la science et de la charité.

Cependant il envisageait avec peine le moment où il lui faudrait abandonner une œuvre qui était vraiment la sienne et à laquelle il avait consacré si généreusement ses forces, son temps et son cœur. Il demanda donc à conserver avec ses nouvelles fonctions celles de directeur des Ecoles d'Orient. Cette grâce lui fut accordée, et on lui donna pour le suppléer l'abbé Soubiranne qu'il avait désigné lui-même au choix du conseil : « Dans quelques jours, écrivait-il, je serai aux pieds du Père commun des fidèles, auprès du tombeau des Saints Apôtres. Néanmoins l'éloignement ne me fait pas abandonner le soin de notre œuvre. J'en conserve toujours la direction générale, et je lui consacrerai, de loin comme de près, lorsque je viendrai en France, tous mes loisirs. »

V

L'abbé Lavigerie ne resta à Rome que seize mois. La position sédentaire qu'il occupait allait mal à sa nature active et ardente, manifestement il était fait pour autre chose que pour siéger sur un tribunal et étudier des causes. Ce qui, de plus, compliquait sa situation et inquiétait sa conscience, c'était les relations tendues que la politique de l'empereur créait entre le Vatican et le gouvernement français. Il répétait sans cesse à Pie IX qui aimait à le recevoir et à l'entretenir : « Je ne suis pas né diplomate ni juge de mur mitoyen, je suis né prêtre. »

Ces répugnances, l'abbé Lavigerie les manifesta à son ami Mgr Maret qui suggéra au ministre Rouland de le nommer à l'évêché de Nancy alors vacant.

Nommé le 5 mars, préconisé le 16, Mgr Lavigerie fut sacré le 22 dans l'église de Saint-Louis-des-Français par le cardinal de Villecourt qui remplaça le pape empêché par la maladie. Une éloquente lettre pastorale le précédait en France. Elle se terminait ainsi :

« Seigneur, répandez sur mes fils les bénédictions de votre main miséricordieuse.

« Donnez à leurs moissons la rosée qui féconde et le soleil qui vivifie.

« Donnez le courage à ceux qui sèment, la charité à ceux qui recueillent.

« Donnez la fécondité à leurs campagnes, la prospérité à leurs industries.

« Donnez à leurs bras le travail, à leur âme la justice.

« Donnez la douceur à leurs filles, l'honneur et le courage à leurs fils, la paix et la vertu à leur foyer domestique.

« Donnez surtout, Seigneur, donnez à tous le bonheur ineffable de vous connaître, de vous aimer, car sans cela le reste n'est rien qu'un songe qui passe. »

Nancy ne devait posséder que quatre ans Mgr Lavigerie. Mais ce court épiscopat allait être fécond pour le diocèse. La fondation d'une caisse de retraite pour les prêtres âgés ou infirmes, d'une école de

hautes études pour les professeurs de ses maisons
d'éducation, de plusieurs établissements secondaires,
d'une maîtrise pour les enfants pauvres, voilà les
principales créations de son zèle, de sa sollicitude
éclairée et prévoyante.

Cette prévoyance, il la porta aussi dans l'éducation
des jeunes filles, en exigeant des religieuses chargées
de l'enseignement une science suffisante constatée
par une commission épiscopale. Cette innovation qui
lui suscita d'abord de sérieuses difficultés, fut approu-
vée à Rome et produisit d'excellents résultats, car
elle mit, comme il le disait lui-même, les congrégations enseignantes au-dessus des attaques et des cri-
tiques de la malveillance.

Mais ce que nous voulons noter ici surtout, c'est le
courant de sympathie qui s'établit de bonne heure
entre l'évêque et son peuple (1).

« Le peuple aimait à voir dans les offices solennels
ce beau et jeune prélat, de grande taille, pontifiant majestueusement entouré de ses prêtres ou répandant
sur son passage les bénédictions entremêlées de paroles charmantes ; on aimait à l'entendre aussi, car sa
parole était simple, franche, allant droit aux choses,
pleine d'une bonhomie voulue et s'épanchant avec
une ouverture de cœur que relevait avantageusement
la haute dignité que le prince de l'Eglise ni n'oubliait
ni ne laissait oublier jamais. Un de ses premiers sermons dans la chaire de sa cathédrale fut un sermon

(1) Cf. BAUNARD : *le Cardinal Lavigerie*, I, p. 116.

de charité pour les pauvres de la ville. Une de ses premières ordonnances fut une quête annuelle en faveur des frères des Ecoles chrétiennes. Il fit une visite à l'institut des jeunes aveugles de sa ville, et charmé de leur talent musical, il leur fit don séance tenante d'un piano de mille francs. Il organisa et présida une vente de charité qui rapporta aux pauvres treize mille francs. Il se rendit à la prison, en visita les salles, parcourut les rangs des détenus et s'en fit présenter quelques-uns individuellement. Il s'adressa à deux des plus criminels, un jeune assassin, un jeune faussaire : « Ayez confiance, mes enfants, Dieu pardonne tout à celui qui pleure son crime et veut le réparer... Le voulez-vous ? Allons, venez que je vous embrasse. » Il les laissa tous pleurant. Le directeur lui dit en le reconduisant : « Revenez-nous, Monseigneur, il est « si bon de sentir la présence du bon Dieu dans la « maison du diable ! »

Cette bonté, cette condescendance aimable, il la portait aussi dans ses tournées pastorales. « Dites à vos bonnes populations, écrivait-il à ses curés, que je viens à elles le cœur plein d'une tendresse paternelle, les mains et les lèvres disposées à bénir. Je suis le représentant de Celui qui a voulu courir après la brebis égarée et la rapporter sur ses épaules divines. »

Pour se mettre en communication avec son troupeau, l'évêque ne reculait devant aucune fatigue ni devant aucun travail : « Il y avait dans le diocèse de Nancy, rapporte l'abbé Klein, notamment dans le canton de Sarrebourg, plusieurs pays de langue allemande dont les habitants, dans leur ignorance du français, n'avaient jamais le bonheur d'entendre les exhortations de leurs évêques. Mgr Lavigerie jugea que ce serait un grand avantage et une vraie joie pour ces populations pleines de foi de voir l'évêque du diocèse leur parler dans leur langue.

Le malheur était qu'il ne savait pas un mot d'allemand.

Cela ne l'arrêta point : « Bah ! se dit-il, en cela comme dans le reste il suffit de vouloir. » Il voulut en effet. Trois mois le séparaient de la tournée épiscopale.

Il se mit à étudier la grammaire allemande, prit quelques leçons d'un professeur du lycée, puis, à grand renfort de dictionnaire et de syntaxe, composa trois sermons qu'il apprit par cœur.

« Arrivé dans la première paroisse de langue allemande, il s'apprêta à s'exécuter. Les grands vicaires voulaient le détourner de ce projet, lui disant qu'infailliblement l'assistance et eux-mêmes ne tarderaient pas à rire : « Que les fidèles se mettent à rire, leur dit l'évêque, cela ne me troublera pas ; mais pour vous, c'est une autre affaire, vous seriez capables de me faire rire moi-même. Mettez-vous derrière l'autel. » Le moment venu de prendre la parole, l'évêque, debout dans le sanctuaire, commence avec une certaine anxiété, mais aussi avec beaucoup de conviction: *Es ist mir ein grosses Vergnügen mich in eurem Mittel zu befinden. Doch bedauere ich sehr dass ich eure schœne Sprache nicht gut rede :* C'est pour moi une grande joie de me trouver au milieu de vous. Je regrette seulement de ne, pouvoir mieux parler votre belle langue...

« Après cette phrase, il promène, un peu inquiet, ses regards sur les auditeurs. Et que voit-il sur tous les visages de ces bons paysans ? — Au lieu des sourires prévus, les marques d'une émotion joyeuse, et des pleurs d'attendrissement ! Profondément touché lui-même, il se retourne vers ses vicaires généraux : « Vous pouvez venir maintenant, leur dit-il, vous ne me ferez pas rire. » Et il continua son allocution.

« Le futur cardinal devait parler plus tard dans les plus grandes églises du monde et devant les plus brillants auditoires. Je ne sais si ses discours de Paris, de Londres, de Rome, de Bruxelles, d'Alger, de Naples, de Milan, de Carthage, lui ont laissé un meilleur souvenir que son sermon allemand aux villageois du canton de Sarrebourg.

« Notre conscience d'historien nous oblige toutefois à confesser que le succès ne fût pas le même auprès de tous les paroissiens sans exception. En rentrant au presbytère, l'évêque trouva le curé riant aux larmes, non pas certes du sermon épiscopal, mais de l'appréciation de sa respectable bonne, qui était sortie de l'église; absolument furieuse qu'on eût envoyé au diocèse « un évêque qui ne savait pas seulement le français. »

Quatre ans s'étaient passés ainsi lorsque la Providence changea subitement le cours de cette existence qui selon les prévisions humaines devait s'écou-

ler dans les travaux paisibles d'un fructueux épiscopat.

Mgr Lavigerie assistait à Tours aux fêtes de saint
Martin et à l'inauguration du monument provisoire
qui devait abriter son tombeau, lorsqu'une nuit il eut
un songe mystérieux qu'il raconta plus tard. Il se vit
transporté dans une contrée barbare au milieu de
populations au teint noir ou de brun noirâtre. C'était
le Macédonien apparaissant à saint Paul et lui disant :
« Viens vers nous pour nous sauver. »

Ce rêve avait lieu dans la nuit du 11 au 12 novembre. Or quatre jours après, le 16 novembre 1886
Mgr Pavy, évêque d'Alger, rendait son âme à Dieu ;
le 18 du même mois Mgr Lavigerie recevait la lettre
suivante :

« Compiègne, le 17 novembre 1866.

« Monseigneur, je reçois, à l'instant, la nouvelle
de la mort de Mgr Pavy, évêque d'Alger. Dans cette
circonstance douloureuse, j'ai dû prévoir le cas où
Sa Majesté voudrait bien me consulter sûr le choix
de son successeur. En y réfléchissant bien, j'ai pensé
que je ne pouvais lui proposer un candidat présentant des conditions meilleures, pour remplir le poste
d'archevêque d'Alger, que l'évêque actuel de Nancy.
C'est ma conviction intime. Mais je n'ai pu la faire
connaître avant d'avoir connu vos intentions. Je viens
donc vous prier de me mander si vous voulez bien
accepter cette position. Elle est, selon moi, une des

plus importantes qui puisse être confiée au clergé de France ; elle présente, il est vrai, des difficultés grandes ; mais je connais votre zèle pour la religion, et je suis persuadé que ce ne seront pas ces difficultés qui pourront arrêter un homme de votre caractère. Veuillez être assez bon pour me répondre le plus tôt qu'il vous sera possible, etc.

*Signé :* Maréchal de MAC-MAHON. »

Mgr Lavigerie répondit :

« Vous me proposez une mission pénible, laborieuse, un siège épiscopal de tous points inférieur au mien, et qui entraîne avec lui l'exil, l'abandon de tout ce qui m'est cher ; vous pensez que j'y puis faire plus de bien qu'un autre. Un évêque catholique, Monsieur le Maréchal, ne peut répondre qu'une chose à une semblable proposition : J'accepte le douloureux sacrifice qui m'est offert, et si l'empereur fait appel à mon dévouement, je n'hésiterai pas, quoi qu'il m'en coûte. J'autorise volontiers Votre Excellence à faire connaître ma réponse à Sa Majesté. »

Le 9 janvier suivant, une bulle pontificale, datée du 25 juillet 1866, érigeait le diocèse d'Alger en archevêché, et le premier archevêque était nommé par décret du 12 janvier.

En acceptant si promptement la nouvelle position qui lui était offerte, Mgr Lavigerie suivait l'attrait impérieux de sa jeunesse vers l'apostolat et répondait à l'appel de Dieu. Il était frappé aussi du triste spectacle d'aveuglement et d'impuissance que nous donnions en Afrique depuis plus de trente ans. Il voulait travailler à réagir contre la tactique suivie jusqu'alors, et contre l'absence de toute tentative pour christianiser l'Algérie. Fort des encouragements qu'il recevait du guide de sa jeunesse, Mgr Maret, sûr de la volonté expresse du Pape, l'évêque de Nancy partait pour occuper le poste où Dieu l'appelait si manifestement, sa vie de missionnaire allait commencer.

# CHAPITRE III

Un fameux coup d'éventail. — Arrivée à Alger. — « J'entrerai chez moi quand tout le monde en sera sorti. » — Un voyage semé d'émouvantes péripéties. — Le choléra. — La famine. — Les orphelins.

## I

E 30 avril 1827, M. Deval, notre consul, étant allé rendre visite au dey d'Alger, Hussein se plaignit des lenteurs d'un procès engagé devant les tribunaux de France et auquel il était intéressé. Il s'ensuivit une altercation rapportée dans les termes suivants par le consul lui-même :

« Pourquoi, lui dit le dey, votre ministre n'a-t-il pas répondu à la lettre que je lui ai écrite ?

— J'ai eu l'honneur de vous en porter la réponse aussitôt que je l'eus reçue.

— Pourquoi ne m'a-t-il pas répondu directement ? Suis-je un manant, un homme de boue, un va-nu-pieds ? Mais c'est vous qui êtes la cause que je n'ai pas reçu la réponse de votre ministre, c'est vous qui lui avez insinué de ne pas m'écrire. Vous êtes un méchant, un infidèle, un idôlatre. »

Se levant alors de son siège, ajoute M. Deval, il me porta avec le manche de son chasse-mouches trois coups violents sur le corps et me dit de me retirer.

C'est ce fameux coup de chasse-mouches ou d'éventail qui avait valu à Hussein la perte de son royaume, et à la France la plus importante de ses colonies.

Trois ans après l'événement que nous venons de raconter, nous étions les maîtres de l'Algérie. Depuis cette époque nous avions consolidé notre conquête ; mais, jusqu'à l'arrivée de Mgr Lavigerie, la religion catholique, gênée dans son expansion, n'avait fait aucun progrès parmi les populations indigènes. Ses deux prédécesseurs, Mgr Dupuch et Mgr Pavy, avaient travaillé avec ardeur au prix de grandes peines et de difficultés sans nombre, à la résurrection de cette Eglise ; mais bien des choses restaient à faire au point de vue de la foi. Une politique aussi anti-nationale qu'impie avait cherché, en toutes choses, à rabaisser et à bannir autant que possible la vraie religion, pour exalter la religion musulmane.

Pour l'aider dans sa tâche, l'archevêque d'Alger trouvait à sa disposition un clergé tout dévoué dont il écrivait plus tard : « Je ne pense pas qu'il y ait au monde un clergé plus attaché à son pays, que l'absence lui rend encore plus cher, plus étranger aux passions et aux luttes des partis, plus sage, plus modeste, plus identifié aux souffrances, aux sentiments, aux aspirations des populations dont il partage la vie. »

Le mercredi 15 mai 1867, Mgr Lavigerie faisait son entrée solennelle dans sa ville archiépiscopale. « Alger est la première ville du continent africain, non par le nombre des habitants, mais par son rôle historique comme foyer de la civilisation chrétienne. Elle est aussi la première par le charme et la grandeur imposante de l'aspect. Après l'avoir vue de la mer, au détour de la pointe Pescade, nul ne peut oublier le tableau merveilleux qu'il a contemplé. Encore au milieu du siècle, on pouvait la citer comme le type régulier d'une citée bâtie en amphithéâtre triangulaire sur le flanc d'une montagne ; mais elle a grandi et maintenant elle forme un ensemble beaucoup plus vaste et plus complexe de contours. Vers le haut de la colline que couronnent les murailles de la Kasbah se montre encore ce qui reste de la vieille Alger, qui ressemble de loin à une carrière de marbre blanc, aux rocs inégaux et mal taillés. Les teintes bleues ou jaunes des parois, le vert des jalousies, ne se discernent pas à distance ; toutes les couleurs sont éteintes par l'éblouissante blancheur de la pierre ; seulement au matin, la lumière naissante de l'orient s'y brise en rayons roses, et, le soir, le couchant s'y réfléchit en nuances violettes. Jadis la cataracte de maisons descendait jusqu'à la mer ; de nos jours, elle s'arrête à mi-côte, limitée et comme endiguée par les masses régulières des maisons françaises qui se prolongent en façade au-dessus des quais. Au sud du triangle de la ville arabe, une autre ville escalade les pentes ; mais, entièrement formée de maisons modernes, elle ne se confond pas en un immense éboulis de roses blanches ; on en distingue les murs grisâtres et les toits rouges, contrastant partout avec la verdure foncée des jardins ; en dehors de la cité proprement dite, la ville recommence moins compacte que dans l'enceinte des rues, et d'autant plus gracieuse... Vers le nord-ouest, plusieurs faubourgs, interrompus par des cimetières, se succèdent jusqu'à l'interminable rue Saint-Eugène... » (Elisée RECLUS).

Une foule immense dans laquelle étaient confondues toutes les races, toutes les nationalités, toutes les religions, tous les costumes, était accourue pour contempler les traits de son nouveau pasteur. Mgr Lavigerie était bien l'homme qu'il fallait à ces populations vives et impressionnables, recherchant le faste éblouissant des cérémonies extérieures. Il était digne sans raideur, bon et affable, dédaignant dans sa vie privée le luxe et l'ostentation, mais aimant dans sa vie publique la grandeur et la magnificence, pour faire respecter et vénérer la dignité épiscopale, et relever le prestige de la religion aux yeux des peuples.

Lorsque le prélat mit le pied sur cette terre africaine à laquelle il allait rendre une partie de son antique gloire, il semble que les ossements des saints, pontifes, martyrs, vierges, humbles chrétiens, durent tressaillir du fond de leur tombe. Les anges, du haut du ciel, contemplant ce successeur des Augustin, des

Cyprien et des Fulgence, qui venait portant dans son âme tant de généreux projets pour l'avenir religieux de l'Afrique, durent chanter l'alléluia de la résurrection.

« Je viens à vous, mes très chers frères, disait le prélat dans son mandement de prise de possession, je viens à vous à une heure solennelle pour l'Afrique chrétienne, à l'heure où la hiérarchie catholique ressuscite enfin dans sa plénitude sur ce sol abreuvé du sang des martyrs... Faire de la terre algérienne le berceau d'une nation grande, généreuse, chrétienne, d'une autre France en un mot, fille et sœur de la nôtre, et heureuse de marcher dans les voies de la justice et de l'honneur, à côté de la mère patrie ; répandre autour de nous, avec cette ardente initiative qui est le don de notre race et de notre foi, les vraies lumières d'une civilisation dont l'Evangile est la source et la loi ; les porter au delà du désert, avec les flottes terrestres qui le traversent et que vous guiderez un jour, jusqu'au centre de ce continent encore plongé dans la barbarie ; relier ainsi l'Afrique du nord et l'Afrique centrale à la vie des peuples chrétiens ; telle est, je le répète, dans les desseins de Dieu, dans les espérances de la patrie, dans celles de l'Eglise, votre destinée providentielle. En pouvez-vous concevoir de plus haute, de plus digne de vous et de votre patrie ? » C'était là le programme que devait suivre dans sa vie épiscopale le cardinal Lavigerie. Il y avait dans ces paroles la clairvoyance d'une prophétie. Il terminait par cette émouvante apostrophe : « O Eglise africaine, autrefois l'honneur de la chrétienté, la mère des docteurs et des saints, puissé-je contribuer à te rendre une partie de ta gloire perdue ! Ta destinée a été de naître, de grandir, et de mourir dans le sang de tes fils. Persécutée par les proconsuls, égorgée par les Vandales, écrasée sous tes ruines par les sectateurs du Coran, tu n'as compté tes siècles que par tes malheurs. Lorsque Dieu t'a rappelée du tombeau, c'est dans le sang des soldats de la France que tu as retrouvé la vie... Puissé-je mêler mes sueurs, mes larmes, mon sang, s'il le faut, aux douleurs de ton long martyre.... C'est un de tes docteurs qui a dit le premier cette fière et noble parole : « Le sang des martyrs est une semence de chrétiens. »

Dès les premiers actes de son administration, l'archevêque montra bien qu'il n'entendait pas faire bon marché de son autorité, et qu'il voulait agir avec fermeté. Le jour même de son installation, on comprit à qui on avait affaire. En sortant de la cathédrale pour se rendre à l'archevêché, Mgr Lavigerie aperçut les fenêtres de son palais occupées par des femmes d'officiers ou de fonctionnaires, qui s'y étaient installées sans façon pour jouir du coup d'œil qu'offrait le cortège. L'archevêque, s'étant informé des raisons de cette invasion féminine auprès de ceux qui l'accompagnaient, déclara nettement que, maître de la maison, il n'y entrerait que lorsque tout le monde en serait sorti. Sa parole produisit un effet magique. Les belles dames s'éclipsèrent immédiatement. L'archevêque s'était montré par ce premier coup d'éclat.

Ce caractère de vigueur et d'énergie, il le porta dans tous les actes de son épiscopat avec vivacité parfois, mais aussi avec les tempéraments qu'exige la bonté. Il avait un cœur d'or, nous aurons occasion d'en donner maintes preuves dans le cours de ce récit.

## II

A peine à Alger depuis un mois, il dut repartir afin de répondre à l'appel que le Pape avait adressé à tous les évêques du monde catholique, pour les inviter à célébrer à Rome le dix-huitième centenaire de la mort des saints apôtres Pierre et Paul.

Son voyage fut fécond en incidents.

Après avoir été obligé de demeurer quelques jours à Livourne à cause du mauvais état de sa santé, il arriva à Rome où le Souverain Pontife le reçut affectueusement, prenant plaisir à l'écouter exposer ses vues sur l'apostolat africain, et lui prodiguant ses encouragements. Ayant assisté aux fêtes de la consécration de l'église de Saint-Paul-hors-les-Murs, il se sentit si fatigué le soir que, se croyant atteint du choléra, il régla ses affaires en prévision d'une mort prochaine. Puis, par une de ces brusqueries bizarres qui lui étaient familières, il résolut de partir le jour même pour Civita-Vecchia. Et, comme on lui objectait à la gare qu'il n'y aurait plus dans la journée aucun train dans la direction de cette ville, il fit chauffer un train spécial au milieu de la stupéfaction de tous. Cela lui coûta 5oo francs. Mais il partit. Cet homme ne se laissait arrêter par aucune difficulté. Le lendemain l'alerte était passée, il était guéri et avait retrouvé sa belle humeur.

Revenu en France, à Biarritz, il demanda à entretenir l'empereur qui devait séjourner quelque temps dans cette ville. Il s'était fait précéder d'une note portant sur la création d'établissements de charité en Kabylie, parmi les anciennes populations indigènes et sédentaires de l'Algérie qui furent chrétiennes pendant tant de siècles. Toute propagande religieuse directe serait interdite, on se contenterait de procurer aux malades des médicaments, et de soigner les plaies et les blessures. L'archevêque ne demandait aucune subvention au gouvernement. Cependant, il ne voulait rien faire sans connaître la volonté du souverain. L'empereur se montra favorable, mais demanda que l'affaire fût négociée avec le gouverneur de l'Algérie.

L'archevêque ne séjourna que peu de temps à Paris. Le choléra avait fait son apparition dans le diocèse d'Alger, et le bon pasteur voulait retourner à ses ouailles pour partager les dangers de ses prêtres et les aider de ses encouragements, de ses prières et de ses ressources. Il s'embarqua donc à Marseille le 22 septembre, sur l'*Hermus*. C'est pendant cette traversée qu'une épouvantable tempête faillit engloutir celui qui devait être l'instrument de la régénération religieuse de l'Afrique.

« Le prélat était accompagné d'un certain nombre d'ecclésiastiques. parmi lesquels se trouvaient le

T. R. P. abbé de la Trappe de Staouëli, et de plusieurs religieuses du Sacré-Cœur ou de diverses communautés du diocèse. Le reste des passagers atteignait le chiffre de 700, la plupart militaires, et le chargement des marchandises était considérable. Dès le soir même du départ une affreuse tempête s'éleva. On était en plein équinoxe, c'est-à-dire à l'époque des tempêtes, et les marins de Marseille et d'Alger disaient ensuite que depuis longtemps dans ces deux ports on n'en avait pas vu de pareille. Le navire monté par le prélat était l'un des plus petits de la compagnie des Messageries. Chargé comme il l'était, il ne tarda pas à se trouver en péril. Le capitaine avait voulu traverser directement le golfe du Lion. S'apercevant du danger, il chercha à se rapprocher des côtes de Cette : mais il était trop tard. La violence du vent qui venait du nord-ouest était telle que le navire ne pouvait avancer. Il reprit alors sa route ballotté par les flots. Quelques heures après un coup de mer plus dur rompit la barre du gouvernail qui était en fer, et dès lors l'*Hermus* se trouva en perdition comme disent les gens de mer, c'est-à-dire qu'à chaque moment officiers, matelots et passagers s'attendirent à le voir sombrer sous l'effort des lames. Les feux des machines furent éteints par l'eau qui gagna peu à peu la cale. Les passagers étaient tous frappés de terreur.

« Il faut avoir été témoin de semblables scènes pour se rendre compte de ce qu'elles peuvent être. Les uns semblaient frappés d'hébêtement et comme d'ivresse ; les autres se livraient au désespoir. Le second du navire arma son pistolet en disant tout haut :

« Voilà de quoi me faire sauter la cervelle au mo-
« ment où nous sombrerons. »

« Ce dernier acte acheva de jeter l'épouvante parmi ceux qui en furent témoins. Les femmes poussaient des cris d'effroi ; mais avec la terreur, la foi de tous se ranimait. Mgr Lavigerie exhortait hautement tout le monde au repentir et à la confiance. A un moment il donna l'absolution générale, après l'avoir reçue lui-même d'un prêtre qui l'accompagnait, et, en même temps, il encourageait les passagers à faire le vœu de monter à Notre-Dame d'Afrique s'ils se sauvaient de ce péril.

« Le vœu fut fait par un grand nombre. Pendant ce temps le très révérend père abbé de la Trappe était étendu dans sa cellule. L'archevêque vint le trouver.

« —Hé bien ! cher père abbé, lui dit-il, voilà le
« vœu que nous venons de faire, et vous, que faites-
« vous ici ?

« —Moi, dit le P. abbé avec la simplicité de la foi, je
« me recommande aussi à notre bonne Mère et je dis
« à Notre-Dame d'Afrique : Voilà un événement qui
« ne vous fera guère d'honneur. Mgr l'archevêque
« est ici avec beaucoup de prêtres, de religieux et de
« religieuses. Tout le monde pensera que nous vous
« avons invoquée, et si vous nous laissez périr on
« n'aura plus guère confiance en votre nouveau pèle-
« rinage. »

« Le prélat sourit de cette liberté filiale, et en même temps lui-même il faisait un vœu au fond de son cœur. C'était celui d'instituer à Notre-Dame d'Afrique des prières solennelles pour les marins vivants et défunts..... Bientôt la tempête diminua de violence et le sixième jour on était en vue d'Alger. »

## III

A peine de retour, le prélat se donna tout entier à son troupeau affreusement décimé par le choléra. Cinquante mille personnes étaient mortes du fléau, quinze cents succombaient encore chaque jour dans le seul diocèse d'Alger. Le sort des orphelins commença bientôt à le préoccuper. Il leur ouvrit ses établissements charitables, offrant même son palais épiscopal si la place venait à manquer. « J'ai confiance, disait-il, que la charité des fidèles ne me ferait pas défaut, si j'avais recours à elle après avoir donné tout ce que je posséderais. »

Cependant, au milieu de ces occupations multiples et de ces angoisses, l'archevêque n'oubliait pas la promesse qu'il avait faite au fort de la tourmente qui l'avait assailli en pleine mer.

« Au-dessus des écueils qui bordent nos côtes, disait l'archevêque dans une lettre, s'élève aujourd'hui le sanctuaire que mon vénéré prédécesseur a consacré à celle que l'Eglise nomme l'Etoile de la mer. C'est ce sanctuaire que désormais, en laissant nos rivages, les matelots, pleins de confiance en la protection de Marie, salueront comme un dernier souvenir ; c'est lui qu'ils apercevront le premier quand ils reviendront vers nous. Aussi, Notre-Dame d'Afrique m'a-t-elle paru destinée à devenir comme un centre de prières pour le salut des marins et de tous ceux qui naviguent sur les mers.

« J'ai voulu qu'on allât prier chaque semaine sur cette tombe immense qui recouvre, comme d'un drap mortuaire, les ossements de tant de chrétiens. J'ai voulu que sur tous les points du globe, où elles se trouvent inquiètes, désolées, les mères, les sœurs, les épouses, les filles de nos marins sussent qu'il est ici, près des flots, un sanctuaire vénéré où tous les jours on demande à Dieu et à Notre-Dame d'Afrique de leur ramener sains et saufs ceux qui leur sont chers ou de leur accorder pardon et miséricorde s'ils ne sont plus... Voilà ce que j'ai promis à Dieu... »

En exécution de ce vœu une émouvante cérémonie a lieu chaque dimanche après les vêpres. Les missionnaires d'Alger et les élèves de leur école apostolique sortent de la basilique et se dirigent vers le point de la colline qui domine la mer. L'officiant est revêtu des ornements de deuil. Quatre enfants de chœur portent le drap des morts que l'on étend sur un cénotaphe au-dessus des flots. On chante alors les prières de l'absoute, le *Libera* et le *De Profundis* ; puis on élève trois fois l'encensoir sur les vagues comme sur un cercueil ou une tombe. Voilà une des délicatesses de l'Eglise, mère des vivants et des

morts. Elle trouve le moyen de remplacer les parents
et amis absents qui ne peuvent venir prier sur ce terrible océan, qui a dévoré loin d'eux ceux qu'ils
aimaient sur la terre.

Cependant, Mgr Lavigerie se livrait avec ardeur à
tous les devoirs de la vie pastorale, poussant à l'action toutes les bonnes volontés et imprimant aux œuvres une vigoureuse impulsion. L'enseignement de
ses maisons ecclésiastiques, la formation de ses
clercs, à qui il prescrivait l'étude de l'arabe qui devait rapprocher les populations indigènes de l'Evangile et de la France, la construction ou la réparation
des églises : voilà les premiers objets de sa sollicitude.

Pendant qu'il s'absorbait dans ces travaux, la Providence disposait les événements qui devaient faire
éclater la charité de l'archevêque, et donner un commencement d'exécution aux rêves de son cœur.
L'heure des conquêtes apostoliques parmi les Arabes
allait sonner.

IV

Le choléra, ainsi que nous l'avons dit précédemment, avait ravagé l'Algérie pendant les mois d'août
et de septembre 1867.

L'invasion des sauterelles vint encore aggraver une
situation déjà si lamentable. Du ciel qu'elles cou-
vraient d'un noir et épais nuage, elles fondirent sur
la plaine et la vallée et dévorèrent tout, les plantes,

les feuilles, les herbes, le blé, le raisin, les olives et les figues. La récolte était faite.

La sécheresse de l'année suivante et les pluies excessives qui lui succédèrent mirent le comble à ces désastres. La famine enleva en quelques mois le cinquième de la population indigène.

Il fallait trouver un remède à de si grands maux. Le gouvernement s'en occupait... Mais il allait trop lentement... Pendant ce temps la faim déchirait les entrailles des malheureux et la mort faisait des victimes. Comme toujours ce fut la charité qui fut prête la première. L'Archevêque a raconté lui-même l'origine de ses orphelinats.

« Je les vois encore, ces pauvres petits, nous arrivant couverts de leurs haillons et de leur vermine, décharnés, horribles, avec leurs grands yeux, brillant au fond de leurs orbites, de la fièvre sinistre de la faim. Je me rappelle leurs premiers discours, et comme ils me remuaient jusqu'au fond de l'âme.

« Ce fut au mois de novembre 1867 que le premier d'entre eux m'arriva, un petit garçon de dix ans à la mine intelligente. Il était exténué.

« — D'où viens-tu, mon enfant ? lui dis-je.

« — De la montagne, loin..., loin...

« — Et tes parents où sont-ils ?

« — Mon père est mort. Ma mère est dans son gourbi (1).

« — Et pourquoi l'as-tu quittée ?

(1) Cabane de feuillage où logent les Arabes.

« — Elle m'a dit : « Il n'y a plus de pain ici, va-t-en
« dans les villages des chrétiens », et je suis venu.

« — Qu'as-tu fait pendant la route ?

« — J'ai mangé de l'herbe le jour dans les champs
et la nuit je me cachais dans les trous pour que les
Arabes ne me vissent pas, parce qu'on avait dit qu'ils
tuaient les enfants pour les manger.

« — Et maintenant, où vas-tu ?

« — Je ne sais pas.

« — Veux-tu aller chez un marabout arabe ?

« — Oh ! non. Quand je suis allé chez eux, ils m'ont
chassé, et si je ne partais pas assez vite, ils appelaient
les chiens pour me mordre.

« — Veux-tu rester avec moi ?

« — Oh ! oui, je le veux.

« — Eh bien, viens dans la maison de mes enfants,
je te traiterai comme eux, et tu t'appelleras comme
moi, Charles. »

« Je le mis, en effet, le jour même, au petit séminaire, à Saint-Eugène.

« Il est devenu un charmant enfant, plein d'intelligence, de bonté. C'est lui qui m'a fait un jour cette
réponse digne de la finesse et du cœur arabes.

« — Veux-tu aller retrouver ta mère ? lui demandai-
je, après la famine.

« — Oh ! non, non, je ne veux pas.

« — Et pourquoi ?

« — Parce que j'ai trouvé un père qui est meilleur
que ma mère ! »

« Cette histoire est, au fond, à peu près celle de tous

les autres. Ils étaient dans le même dénuement, le même abandon, et bien souvent ils racontaient des choses qui nous faisaient autrement frémir. »

Après ce premier enfant, l'Archevêque en recueillit dix, puis vingt, puis enfin tous ceux qui se présentèrent, ou que les prêtres, chargés par lui de ce soin, recueillirent sur les grands chemins de son diocèse.

C'est dans la maison de campagne de l'Archevêque, au petit séminaire qui est proche, dans les corridors et les hangars qu'ils furent installés d'abord. Quand les maisons furent pleines, on les recueillit sous les tentes, dans les cours, dans les bâtiments. Pour les vêtir, on mit à contribution tout ce qu'on put trouver, le linge du prélat, ses soutanes violettes elles-mêmes furent sacrifiées, c'était un élan admirable de charité chrétienne.

Le nombre des enfants qui furent ainsi mis à l'abri du besoin et recueillis dans les orphelinats, depuis le mois de novembre 1867 jusqu'au mois de juin 1868, s'éleva au nombre de dix-huit cents; cinq cents succombèrent, trois cents furent repris par leurs familles, mille restèrent à la charge de l'Archevêque.

Mgr Lavigerie a décrit avec beaucoup de charme et avec l'accent du cœur, les résultats qu'il obtenait dans l'œuvre de leur formation au travail et à la vie religieuse et morale :

« C'est à la vie des champs que nous avons exclusivement destiné nos enfants, garçons et filles. C'est au travail agricole et aux arts qui s'y rapportent que nous voulons les former.

« Partout l'agriculture me semble préférable pour les enfants du peuple, pour les enfants abandonnés surtout, qui ne trouvent trop souvent, dans le travail des villes, que les occasions du mal. La vie des champs, qui est vraiment celle de la nature, a le double privilège de donner à l'homme la santé du corps et celle de l'âme.

« ... Tous mes orphelins, garçons et filles sont appliqués à ces travaux dans les établissements distincts que nous avons fondés pour eux dans la province d'Alger.

« Là, sous la direction des frères et des sœurs chargés de leur éducation, ils transforment en vignes, en pâturages, en champs de blé, autant que le permettent leurs forces, les terres incultes où nous les avons placés.

« C'était, je dois le dire, aux yeux de quelques-uns, une entreprise au-dessus des forces humaines que d'appliquer au travail des enfants habitués jusque-là au vagabondage de la vie arabe.

« Vous n'en garderez pas un seul, me disait-on, ils « se sauveront tous dans leurs tribus. »

« Mais j'avais une foi trop ferme dans la puissance de la charité pour me laisser ébranler par ces discours, et l'événement m'a donné raison.

« Quoique nous les ayons toujours laissés libres en plein champ, sans murs, sans barrières, sans portes même souvent à leurs demeures, c'est le petit nombre qui nous a quittés. Les autres sont restés librement et se sont formés au travail. »

Mais ce qui touchait le plus vivement le cœur de l'Archevêque, c'était de voir la religion exercer son empire sur ces natures barbares, et transformer leur âme. Nous n'en rapporterons que deux traits, qui montrent admirablement le changement qui s'opérait en eux.

« Hier, écrivait l'archevêque, j'ai reçu la visite de l'un de mes enfants établis à Alger. Il se nomme Charles, comme beaucoup d'entre eux, qui ont voulu ajouter mon nom à celui que leur donnaient leurs parrains de France. Ce pauvre enfant est estropié, et nous avons pu lui faire apprendre un état compatible avec son infirmité : il est cordonnier.

« Il a commencé tout modestement par être ouvrier, il y aura bientôt trois ans, en sortant de l'orphelinat. Sur ses premiers gages lentement économisés, il a acheté des formes, des outils, un peu de cuir, et le voilà établi à Alger dans une pauvre petite chambre du quartier arabe.

« Grosses déceptions en commençant. Dans son inexpérience des choses, il a travaillé pour des clients qui ne l'ont point payé. Il ne s'est pas découragé, a repris son œuvre, a trouvé de meilleurs clients parmi ses anciens camarades et ses anciens Pères de l'orphelinat, et, depuis deux ou trois mois, il a un ouvrier pour l'aider dans son industrie. Il est venu me raconter tout cela, avec un certain mélange de modestie et d'assurance ; et surtout il m'a parlé de sa conduite chrétienne, de sa fidélité à se rendre à l'église, de ses controverses avec les Français et les Arabes, où j'ai admiré la ferveur de sa foi et la pureté de sa vie ; et enfin, se mettant à genoux devant moi, il m'a dit qu'il avait une grâce à me demander :

« — Mes camarades de l'orphelinat seraient bien « contents et moi encore plus qu'eux, si vous vouliez « accepter que je vous fasse une paire de souliers ?

« — Comment, une paire de souliers !

« — Oui, que je vous fasse, moi, pour vos étrennes, « une paire de beaux souliers, mais de souliers, des « souliers vernis ! »

« Vous me croirez facilement, j'ai été plus heureux de cette offre si naïvement faite par mon pauvre enfant, que de tout ce que l'on eût pu m'offrir de plus riche. Il a pris mon pied sans attendre ma réponse qui ne venait pas, parce que je sentais l'émotion qui arrêtait ma voix, et que je ne voulais pas paraître attendri ; puis, la mesure bien prise, il s'est relevé triomphant.

« Oh ! comme ils vont être tous contents, m'a-t-il « dit, quand ils sauront que Monseigneur veut bien « une paire de mes souliers ! »

« Je les attends et je suis sûr qu'ils ne tarderont pas. Blesseront-ils un peu mes pieds ? Je l'ignore ; mais ils ont déjà blessé doucement mon cœur.

« Voilà mon histoire paternelle ! Que ceux qui n'ont point de fils rient de moi, s'ils le veulent ; bien des pères et des mères m'envieront mon enfant barbare avec ses pauvres souliers ».

L'autre trait fait ressortir d'une façon émouvante et saisissante les résultats que l'on obtenait au point de vue religieux.

« Un de nos orphelins âgé d'une douzaine d'années tomba gravement malade. On le mit au lit, et bientôt son pauvre petit corps ne fut qu'une plaie.

« Les sœurs de Saint-Joseph qui le soignaient admiraient sa douceur ; et un jour que j'allais, suivant ma coutume, visiter nos malades, elles me le firent remarquer.

« Je m'approchai de son lit. Il me prit le bras pour m'attirer et me faire baisser vers lui, car sa voix était déjà bien faible.

« — Père, me dit-il, en mettant sa main sur sa « poitrine, je suis tout noir là-dedans.

« — Que veux-tu dire par là, mon enfant ?

« — C'est que mon cœur est noir parce que je ne « suis pas l'enfant de Dieu. Je veux que tu me donnes « l'eau.

« — De quelle eau parles-tu ?

« — Du baptême qui fait l'âme blanche devant Dieu « et on va au ciel. »

« Et, en disant cela, il fixait sur moi ses yeux suppliants, et se portait ma main à ses lèvres.

« — Puisque tu le veux, lui dis-je, je vais t'en- « voyer le Père qui t'instruira mieux encore, et qui « ensuite te baptisera. »

« Il reçut en effet le baptême avec les sentiments d'un prédestiné.

« Lorsque je retournai, le surlendemain, et que je lui demandai :

« — Eh bien, **tu es** baptisé ?

« — Oui, Père, me répondit-il ; mais, à présent, « je voudrais le *pain de Dieu.*

« — C'est la sainte Communion, me dit la Sœur. Le Père lui en a parlé, et il la demande à chaque instant.

« — Qu'est-ce que le *pain de Dieu ?* dis-je à l'enfant.

« — Père, c'est le Sidna-Issa (le Seigneur Jésus). »

« Je consentis sans peine, comme on le pense, à satisfaire ce pieux désir.

« Quelques jours après, comme il s'affaissait de plus en plus, le Père qui l'avait baptisé lui porta la sainte Eucharistie. Il se passa alors dans cet enfant quelque chose de si extraordinaire que ceux qui en furent les témoins n'en parlent encore qu'avec étonnement. A la vue de la sainte Hostie, le visage de ce petit Arabe, encore presque sauvage et mourant de la plus affreuse des maladies, rayonna des clartés de la foi et de l'amour. C'était comme une lumière qui venait de l'âme et qui transfigurait ses traits. Il tendit ses petits bras amaigris hors de son lit vers l'Hôte divin qui le visitait, et lorsque celui-ci fut descendu sur ses lèvres, il demeura comme en extase, fixant le ciel.

« Tout le monde autour de lui, sœurs, prêtres, enfants, infidèles, regardaient avec respect, au milieu de leurs larmes, ce spectacle sublime dans sa simplicité.

« J'arrivai quelques moments après. Du plus loin

# CHAPITRE IV

Les luttes. — La victoire. — Fondation des villages chrétiens de Saint-Cyprien et de Sainte-Monique. — L'hôpital des Atafs. — « C'est pour un prince tout cela ? » — Cérémonie d'inauguration. — « Nous avons vu saint Augustin. »

## I

Deux systèmes étaient alors en présence relativement à la colonisation de l'Algérie. L'archevêque avec les catholiques qui pensaient sainement voulaient l'assimilation des Arabes : « Il faut relever ce peuple, disait-il, il faut cesser de le parquer dans son Coran, comme on l'a fait trop longtemps, par tous les moyens possibles. Il faut lui inspirer, dans ses enfants du moins, d'autres sentiments, d'autres principes. Il faut que la France lui donne, je me trompe, lui laisse donner l'Evangile, ou qu'elle le chasse loin du monde civilisé. » Il était soutenu par cette espérance dans l'établissement de ses orphelinats, et, il ne s'en cachait pas : « Nous aurons là, dans quelques années, une pépinière féconde qu'ils me virent, tous les enfants de l'infirmerie s'élancèrent à ma rencontre.

« — Oh ! me dirent-ils en m'entourant, nous voulons tous le baptême, comme Géronymo.

« C'était le nom qu'avait pris, par un touchant souvenir du premier martyr arabe, notre petit néophyte.

« Sa mort devenait un apostolat.

« Je m'approchai de son lit. En effet, sa figure était vraiment transfigurée.

« — Je vais au ciel voir Jésus, me dit-il.

« Peu après il expira. »

Mais ces résultats consolants ne s'obtenaient pas sans difficultés. Nous allons voir bientôt les obstacles que l'archevêque rencontra dans son œuvre. Les luttes qu'il dut soutenir alors lui furent douloureuses, parce qu'elles le mettaient en opposition publique avec le maréchal Mac-Mahon, qu'il estimait et aimait ; mais elles furent fécondes parce qu'elles se terminèrent par une victoire qu'il appréciait par-dessus tout : « la liberté de l'apostolat africain ».

d'ouvriers utiles, soutiens de notre colonisation française, et, disons le mot, d'Arabes chrétiens... Ce sera le commencement de la régénération de ce peuple, de cette assimilation véritable que l'on cherche sans la trouver jamais, parce qu'on la cherche avec le Coran. »

Malheureusement, le gouvernement ne comprenait pas ainsi les choses, et au lieu de se faire l'apôtre du catholicisme, il favorisait les sectes musulmanes de tout son pouvoir. Ecoles, séminaires, mosquées étaient entretenus par lui. Il rêvait la formation d'un royaume arabe ami de la France.

Inévitablement, des tiraillements devaient se pro-produire. Les créations charitables de Mgr Lavigerie en faveur des orphelins fournirent une occasion pour l'ouverture des hostilités.

Depuis longtemps, les journaux menaient une campagne odieuse contre le prélat. On disait qu'il profitait de la position lamentable de ses protégés pour les forcer à recevoir le baptême. Ces calomnies faisaient leur chemin. Tout à coup l'archevêque reçoit l'ordre de renvoyer les orphelins dans leurs tribus. Alors commence une lutte mémorable. Le père dévoué de tant de pauvres enfants ne peut se résoudre à les abandonner. De plus, il y a là une question de principe qu'il faut trancher et résoudre à tout prix.

« Mieux que personne, écrit-il au maréchal de Mac-Mahon, vous savez ce que valent les odieuses insinuations d'une presse antichrétienne : que je veux faire payer, par le sacrifice de leur religion, à ces pauvres Arabes, le pain que leur distribue, par mes mains, la charité catholique.

« Non, Monsieur le Maréchal, il n'en va pas, il n'en ira pas ainsi de la part d'un évêque. Je n'ai pas dit ni laissé dire un mot, dans ce sens, aux Arabes adultes que je secours. Je n'ai pas voulu, et je l'ai déclaré hautement, qu'un seul des douze cents enfants recueillis par moi fût baptisé, autrement qu'au moment de la mort, et encore, au moment de la mort, je ne l'ai permis que pour ceux-là seulement qui n'avaient pas l'âge de raison.

« J'ai voulu, je veux qu'ils conservent, à cet égard, toute leur liberté, et s'ils préfèrent rester mahométans lorsqu'ils seront en âge de prendre une décision raisonnée, je ne leur en continuerai pas moins mon dévouement et mon appui paternels.

« Je leur apprendrai, il est vrai, car je ne puis leur enseigner que ce que je crois moi-même, qu'il est mieux de s'aider par le travail contre les coups de la fortune, que de s'endormir dans la mort en invoquant le destin ; qu'il est mieux d'avoir une famille, que de vivre, sous prétexte de divorce ou de polygamie, dans une perpétuelle et honteuse débauche ; qu'il est mieux d'aimer et d'aider tous les hommes, à quelque race qu'ils appartiennent, que de *tuer les chiens de chrétiens ;* que la France et ses souverains sont plus grands, aux yeux des hommes et aux yeux de Dieu, que la Turquie et ses sultans.

« Voilà ce que je leur apprendrai. Quel est celui qui oserait y trouver à redire ? »

Après s'être ainsi justifié, l'archevêque ajoutait :

« Ces enfants, sans pères, sans mères, abandonnés de tous et livrés à la mort, mais recueillis par moi, grâce à la charité des évêques, des prêtres, des chrétiens de France, veillés, soignés, au péril de leurs jours par nos religieux, par nos religieuses, dont plus de vingt ont pris le typhus auprès d'eux, dont plusieurs ont succombé, victimes de leur charité, nous ne les aurions sauvés à ce prix, que pour les livrer, après quelques mois, sans protection, sans défense, sans parents, garçons et filles, aux passions bestiales de leurs coreligionaires !

« Mieux aurait valu mille fois les laisser périr.

« Voilà ce qu'on présente comme nécessaire ! Mais il n'en sera pas ainsi sans que je fasse entendre au monde une protestation solennelle.

« A leurs pères, à leurs mères, à leurs tuteurs naturels je les eusse rendus sans difficultés ; mais je suis le père, le protecteur de tous ceux de ces enfants dont les pères, dont les mères, dont les tuteurs n'existent plus. Ils m'appartiennent, parce que la vie qui les anime encore, c'est moi qui la leur ai conservée. C'est donc la force seule qui les arrachera de leurs asiles, et si elle les en arrache, je trouverai dans mon cœur d'évêque de tels cris, qu'ils soulèveront contre les auteurs de ces attentats l'indignation de tous ceux qui méritent encore sur la terre les noms d'hommes et de chrétiens. »

Cette chaleureuse et ferme protestation fut accueillie avec enthousiasme par la population de l'Algérie, et fit tressaillir d'admiration toutes les âmes catholiques d'un bout de l'Europe à l'autre. Les évêques de France louèrent hautement leur frère dans l'épiscopat.

L'archevêque d'Alger, voulant en finir, résolut d'aller trouver l'empereur lui-même, qui, approuvant la conduite du maréchal, lui avait écrit de moraliser les colons et de laisser au gouverneur géneral le soin de discipliner les Arabes.

Il ne lui fut pas facile d'aborder le souverain. Le maréchal Mac-Mahon avait, pour soutenir sa cause, de puissants alliés auprès de l'empereur. On mit donc tout en œuvre pour empêcher l'archevêque de voir Napoléon. Le prince, disait-on, partait le jour même pour Biarritz. Cette fin de non recevoir ne découragea pas Mgr Lavigerie, il serait allé au bout du monde pour rejoindre celui qui seul pouvait terminer le différend. Le soir du même jour, il prenait le chemin des Pyrénées, et le lendemain il sollicitait une audience à la villa Eugénie. Cette fois on ne pouvait éconduire le tenace prélat, il fut reçu.

« L'accueil fut d'un froid mortel, » racontait-il ensuite, cependant, malgré ces préliminaires de mauvais augure, Mgr Lavigerie s'expliqua nettement sur les griefs qui lui étaient reprochés, et demanda la liberté de faire son devoir. L'empereur gagné par ses explications, qui mettaient au grand jour ses véritables idées, lui promit une lettre déclarant qu'il pouvait garder ses enfants.

Mais le gouverneur ne se tenant pas pour battu, l'empereur fit offrir au prélat un archevêché plus

important. L'archevêque répondit en remerciant :
« Je ne quitterai pas mon diocèse, je rentre à Alger. »
Devant cette attitude respectueuse mais décidée, le
gouvernement céda, et le maréchal Niel envoya à
Mgr Lavigerie la lettre suivante :

« Croyez, Monseigneur, que le gouvernement
N'A JAMAIS EU L'INTENTION DE RESTREINDRE VOS DROITS
D'ÉVÊQUE, et que toute latitude vous sera laissée pour
étendre et améliorer les asiles où vous aimez à prodiguer aux enfants abandonnés, aux veuves et aux vieillards, les secours de la charité chrétienne. »
La cause de l'apostolat africain était gagnée.


## II


Cependant l'avenir de ses chers enfants préoccu-
pait l'archevêque d'Alger. Le but de l'orphelinat était
de les former pendant les années de leur adolescence
aux bonnes mœurs et au travail, et d'éveiller en eux
le désir du baptême. Mais que deviendraient-ils
lorsqu'ils auraient grandi? Leurs excellentes dispositions actuelles ne s'évanouiraient-elles pas au milieu
des périls qui les attendaient dans le monde? Que
faire pour assurer leur persévérance dans le bien et
couronner ainsi l'œuvre commencée.
La fondation des villages chrétiens fut la solution
trouvée par l'archevêque :
« Lorsque je médite le soir, dans ma solitude de
Saint-Eugène, disait-il, et que, les yeux fixés sur les

profondeurs transparentes du ciel de l'Afrique, je demande à Dieu le temps et la grâce d'achever l'œuvre commencée, je songe doucement que ma tombe serait bien placée dans un de ces villages où vivront mes enfants. Il me semble que je dormirai mieux le dernier sommeil, au milieu de ceux qui sont vraiment mes fils par la reconnaissance et par la tendresse... »

Il vint donc s'établir dans la plaine de Cheliff, à peu près à égale distance de Milianah et d'Orléansville, pour visiter ces solitudes, afin d'y réaliser les rêves de son cœur s'il en voyait la possibilité. Homme aux grandes idées, Mgr Lavigerie était aussi l'homme pratique qui veut se rendre un compte exact des choses et ne pas s'avancer à la légère. Pendant huit jours il vécut à l'arabe, logea sous la tente, arpenta les terrains et en marqua les limites.

Puis, le terrain acheté, il réquisitionna tout son monde pour transformer ce désert inculte. Le sol fut défriché, ensemencé, les maisons construites, et le village constitué et appelé Saint-Cyprien par le conseil de la Propagation de la foi, qui avait largement contribué à son établissement. Mais laissons la parole au fondateur :

« Dans une des vallées de l'Algérie, entre deux chaînes de montagnes, dont les unes, s'étendant vers la mer, forment la petite Kabylie de Cherchell, et les autres, montant en amphithéâtre, portent les hauts plateaux du Tell et du Sahara, on aperçoit depuis quelques mois, du chemin de fer d'Oran à Alger, un village posé sur les premiers contreforts de collines inhabités. Un fleuve, le Chélif, coule à ses pieds. Une petite rivière le borne à sa droite. Sur son emplacement existait autrefois une colonie romaine, chrétienne très certainement, car en fouillant ses ruines on a retrouvé le chapiteau d'une église.

« Mais depuis, la barbarie a passé, et elle a fait dans cette vallée, aussi peuplée en ce temps-là que le sont aujourd'hui les plus riches vallées de France, ce qu'elle fait partout, la stérilité et la mort. La première fois que je l'ai traversée, il y a six ans, le chemin de fer n'existait pas encore. Je fus frappé du silence de ces solitudes. Pas un bruit humain ne venait à nos oreilles. La nuit seulement, on entendait, dans les broussailles qui s'étendaient au loin comme une mer sans rivage, le cri aigu du chacal ou celui de la hyène.

« Aujourd'hui, on y voit un village qui forme comme une oasis au milieu de ce désert.

« Les maisons, séparées les unes des autres et disposées en rues régulières, en sont modestes ; mais elles brillent par leur propreté, ce signe aimable de la civilisation. De jeunes plantations d'*eucalyptus* montrent déjà leur verdure entre les blanches murailles. Une église, humble et blanche comme les demeures qu'elle domine, élève vers le ciel, en signe de conquête pacifique, la croix qui vient rendre la vie à ces contrées, courbées depuis plus de dix siècles sous le joug de la mort. Cette croix a la forme d'une croix primatiale, en souvenir de saint Cyprien, le premier martyr de Carthage, auquel l'église est dédiée. Devant le village, un jardin, avec ses cultures. Derrière, un vaste parc, entouré de murs en terre, où l'on enferme, le soir, les bœufs destinés au labour, les vaches et les chèvres qui fournissent le lait. Tout à l'entour, les buissons stériles, les palmiers nains, disparaissent pour faire place aux champs de blé. Partout le spectacle du travail, de l'action et de la vie.

« Si vous demandiez à un Européen le nom de ce nouveau village, il vous dirait : « C'est Saint-Cyprien-« des-Atafs ». Mais si vous alliez dans quelqu'une des tribus arabes ou kabyles campées sur la cime des montagnes voisines, et si vous le leur montriez, de loin, dans la plaine, en leur faisant la même question, ils vous répondraient :

« C'est le village des fils du marabout (les Oulad-M'rabout). »

« Le marabout, c'est moi-même ; ils donnent ce nom, dans leur langue, en Algérie, aussi bien aux prêtres catholiques qu'aux ministres de leurs superstitions. Les fils du marabout, ce sont nos orphelins. Les Arabes me regardent comme le père de ces enfants que j'ai sauvés de la mort, et c'est leur usage de donner aux tribus le nom de celui qui les a fondées.

« Dans ce village bâti par nous, nous avons, en effet, commencé l'établissement de ceux de nos enfants qui sont parvenus à l'âge d'homme. A la vérité, ceux-là sont les aînés, et, nous étant venus à un âge

plus avancé, ils offrent les conditions les moins favo-
rables, à cause des habitudes déjà prises et du peu
de temps qu'ils ont passé avec nous. Mais nous
n'avons pas trouvé, comme vous le savez, de moyen
plus efficace de tenir nos promesses et d'assurer
leur avenir, que de les établir à part, en les sous-
trayant également, dans la mesure du possible, aux
dangers du séjour des villes et à celui du contact des
Arabes. »

Un second village fut créé plus tard, dans la même
plaine du Chélif et appelé Sainte-Monique. Rien
n'est touchant comme d'entendre l'archevêque raconter, avec l'accent de la tendresse paternelle, l'organisation de *son* village. On croirait voir revivre les
temps heureux où, sous la direction des jésuites,
florissaient les réductions du Paraguay :

« Notre village n'a point de gendarmes ni de prison, ni même encore de maire ; et néanmoins on
n'y voit jusqu'à présent ni troubles ni désordres. Le
travail et la paix y règnent, sous l'autorité de trois
missionnaires, à la fois pères et pasteurs de ce petit
peuple naissant. La seule loi, c'est l'Evangile, loi
d'ordre et de charité tout ensemble ; le seul avertis-
sement, la cloche de l'église, qui annonce la prière, le
travail et le repos.

« C'est un touchant spectacle que de voir, à son
appel, le matin au lever du jour, et le soir au moment où la nuit commence, les hommes et les femmes se diriger par groupes vers l'église. Là, sous la
présidence d'un père, ils prient ensemble à haute voix

avec l'accent du respect. Ils n'oublient jamais leurs bienfaiteurs de France. Ils prient aussi tous les jours pour leurs frères musulmans. D'eux-mêmes ils ont changé la formule de prière pour l'évêque diocésain: ils ne disent pas comme partout : Prions pour l'archevêque, mais prions pour notre père. La première fois que je les ai entendus, je me suis senti payé de mes peines.

« La prière faite, le matin, les hommes dans cette saison, qui est celle des labours, attellent les bœufs à la charrue. Ce sont des charrues fixes perfectionnées, car nous avons tenu à donner au travail de nos enfants toutes les chances de succès en vue de l'avenir.

« Les Arabes des tribus ne mangent que rarement de la viande. Les légumes leur sont inconnus. Un peu de galette d'orge cuite sous la cendre, à midi ; un peu de couscous le soir ; dans la saison le lait de leurs chèvres, s'ils en ont, voilà leur nourriture. Tel n'est pas le régime de notre village. Le pain, de farine de blé, est fait à l'européenne par les femmes, et il est cuit dans un four que nous avons fait construire. Le troupeau leur donne le lait, le jardin des légumes. Les sœurs de la Mission d'Afrique dirigent ces travaux, pendant que les hommes se répandent dans les champs pour y suivre les leurs. Avec leur costume blanc, le voile blanc qui couvre leur tête comme celui des femmes arabes, leur grande croix rouge sur la poitrine, courbées sur la terre qu'elles cultivent en priant, elles semblent l'apparition d'un autre âge et font penser aux vierges qui peuplaient, il y a quatorze siècles, les solitudes africaines...

« Pendant que tous les habitants du village travaillent au dehors, les pères missionnaires font l'école à quelques pauvres enfants recueillis par eux, ou soignent les malades qui arrivent de toutes parts. C'est là, en effet, auprès des indigènes, leur principal ministère.

« Une des maisons du village, placée en dehors des autres, est destinée à secourir ces pauvres infirmes. Une pharmacie y est installée. La bonté simple et surtout patiente des missionnaires, et, disons-le aussi, la gratuité des remèdes, y attirent des Arabes des montagnes environnantes. On en porte même de loin, en croupe sur des mulets ou sur des chevaux. Ils entrent et on les soigne. A certains jours, où ils sont plus nombreux, les pères les rangent en ordre au dehors et, s'agenouillant devant eux sur la terre nue, ils pansent leurs plaies.

« C'est vraiment un touchant spectacle que celui que présentent ainsi, dans toutes les stations où ils résident, nos jeunes missionnaires. Les indigènes eux-mêmes les admirent, sans les comprendre encore il est vrai : « Pourquoi font-ils cela ? disent-ils entre « eux. Nos pères et nos mères eux-mêmes ne le fe- « raient point. »

« Un officier français me disait un jour que cette scène lui rappelait les miracles de Notre-Seigneur dans l'Evangile... Notre-Seigneur faisait, il est vrai, des miracles de puissance. Mais renoncer à tout, pour venir ici vivre pauvre, outragé souvent par les mauvais chrétiens, se faire le serviteur des pauvres barbares, soigner leurs plaies les plus rebutantes, n'est-ce pas un miracle de charité ?

« Les Arabes l'entrevoient. Ils sont pleins de respect pour nos missionnaires. Ils ne se contentent pas de leurs remèdes. Ils leur demandent leur bénédiction et le secours de leurs prières ; et ils disent quelquefois : « Tous les chrétiens sont damnés, mais vous « autres, vous ne le serez pas. Vous êtes croyants du « fond du cœur. Vous connaissez Dieu. »


## III


Entre les deux villages de Sainte-Monique et de Saint-Cyprien, les Arabes virent un jour s'élever un splendide édifice d'architecture mauresque présentant sur sa façade une longue galerie d'où on pouvait jouir du panorama que formaient le Chéliff, la vallée, la plaine et le centre des montagnes lointaines.

« C'est pour un prince, tout cela ? demandaient-ils. — Non, c'est pour les Arabes quand ils seront malades. — Et ils ne paieront rien ? — Non, rien. — Est-ce vrai ? — Très vrai. »

Saisissant au vol l'idée de cet hôpital émise devant lui par le général Wolf, Mgr Lavigerie, aidé par les subsides gouvernementaux et par la charité chrétienne, s'était mis à l'œuvre, et, après deux ans de travaux, au commencement de l'année 1876, la construction était terminée.

La cérémonie d'inauguration fut magnifique. « Le samedi 5 février 1876, un train spécial amenait d'Alger à la station des Atafs, sur un parcours presque égal à celui de Paris à Tours, plus de trois cents invités, ayant à leur tête le général Wolf, le préfet, les généraux, le directeur général des affaires civiles, M. de Toustain, représentant le gouverneur, alors en France, le procureur général et les présidents de la cour d'Alger, l'amiral du Quillio, commandant de la marine, le prince royal de Hollande, Mme de Lamoricière, veuve de l'illustre général, des personnages anglais catholiques et protestants, et une députation nombreuse des missionnaires d'Alger. Ils furent reçus à leur arrivée par des décharges de mousqueterie des cavaliers arabes simulant une attaque du train. Un millier de ces cavaliers étaient campés dans la plaine, avec leurs aghas et leurs caïds. D'autres multitudes descendaient des montagnes, faisant retentir l'air du son de leurs ghasbas, les flûtes du pays, auxquels les femmes mêlaient leurs you-you d'allégresse. Les villages chrétiens étaient en fête et pavoisés du drapeau de la France. A l'approche des invités, les cloches sonnent, le canon tonne; on monte la colline, et l'hôpital présente sa colonnade de pierre, sur l'attique de laquelle on lit en lettres éclatantes : Bit-Allah ! Les cavaliers du cortège forment un demi-cercle en avant pendant qu'un spectacle nouveau a saisi tous les yeux.

« Sur le toit en terrasse qui surmonte la galerie de la grande façade, l'archevêque apparaît debout, sous un dais de velours or et cramoisi, en habits pontificaux, la mitre en tête, la crosse en main, sa croix archiépiscopale tenue devant lui par un indigène, tandis que quatre autres, avec leurs burnous blancs et leurs chéchias rouges, soutiennent les montants du dais. Autour du pontife, cinquante prêtres, vêtus de dalmatiques ou de l'habit blanc des missionnaires, sont rangés, immobiles comme des statues.

« De là, le pontife entonne de sa puissante voix le *Veni Creator Spiritus*, que le clergé continue. Il bénit et asperge majestueusement l'édifice. Puis, se tournant vers les montagnes, aux quatre côtés du ciel. il donne la bénédiction pontificale à l'assemblée, pendant que les cloches et le canon s'unissent à sa prière.

« Un enthousiasme religieux s'était emparé de tous. Les protestants étaient les plus émus. « Nous avons « vu saint Augustin! » disait le consul général d'Angleterre, le colonel Playfair. » (1)

Après avoir salué le général Wolf, l'archevêque prit la parole : « C'est ici, dit-il, qu'Abd-el-Kader trouvait, dans les cavaliers renommés de la tribu des Atafs, d'ardents auxiliaires qui se soulevaient à tous ses appels. C'est ici que Changarnier, le seul des héros de ces premières et grandes luttes qui survive encore, ajouta à son nom, déjà immortalisé par tant de vic-

______

(1) Cf. Mgr BAUNARD, *le Cardinal Lavigerie*, t. I, p. 512.

toires, la gloire de l'Oued-Fodda. Du lieu où je vous parle, j'aperçois à l'horizon les sommets de l'Ouarensenis, et il me semble y voir resplendir le nom de Bugeaud et celui de Lamoricière, qui l'illustrèrent par tant d'intrépide valeur. Et, en évoquant dans ces lieux témoins de sa gloire le souvenir de Lamoricière, je sens tressaillir son âme magnanime, car, du séjour de la paix, elle voit pour la première fois au milieu de nous celle qui fut l'objet de ses affections les plus saintes, et qui est aujourd'hui celui de nos vives et respectueuses sympathies de catholiques et d'Algériens. C'est ici, en ces lieux mêmes, que se conclut, au plus fort de ces mêlées de chaque jour qui ne laissaient ni paix ni trève, ce premier échange de prisonniers devenu légendaire dans notre histoire africaine, et par lequel nos colons de la Mitidja, enlevés par Abd-el-Kader et s'attendant à chaque heure au coup de la mort, durent leur salut à l'initiative de Mgr Dupuch... C'est sous la protection de tels souvenirs que nous avons voulu établir ici, à côté de nos jeunes villages d'indigènes devenus chrétiens, l'hôpital que nous inaugurons aujourd'hui. Puissions-nous contribuer à soulager ainsi la misère de ce peuple, au nom du Dieu qui fut celui de ses pères et qui redevient ici même celui de ses enfants !

« Nous avons placé cet hôpital sous l'invocation d'une sainte dont la charité royale se dépensa tout entière au service des malheureux. Le nom de sainte Elisabeth nous rappellera les vertus aimables et douces dont votre bienveillante condescendance, Madame, et votre initiative pour cette grande œuvre, Monsieur le général, ont pour toujours rattaché la mémoire au bien qui doit se faire ici.

« Ce bien, vous l'avez admirablement défini vous-même. Il ne s'adresse pas seulement au corps, il s'adresse encore aux cœurs et aux âmes, et, en montrant à cette société qui se dissout la charité de la France chrétienne, il contribuera à faire disparaître les préjugés qui nous séparent encore. Les sœurs qui soigneront ici les femmes indigènes leur parleront un langage plus éloquent que tous les discours, et dans cette maison sur l'entrée de laquelle nous avons fait écrire en leur langue : « Ceci est la maison de Dieu », ils reconnaîtront bientôt, je l'espère, que ce n'est pas là une vaine parole, et que ces filles de la France catholique qui viennent s'y dévouer pour eux sont les filles du vrai Dieu. »

Une fête profane splendide suivit la bénédiction de l'hôpital. En cette journée mémorable, sur ce théâtre de la charité, c'était l'alliance de la religion et de la patrie qui avait été solennisée sous les yeux des Arabes, à qui un tel spectacle ne pouvait que faire aimer davantage la religion catholique et la France.

# CHAPITRE V

Fondation des Pères Blancs. — Les trois premiers novices. — « Vu pour le martyre. » — « Le rapprocher des indigènes par toutes les habitudes extérieures. » — « Africains pour l'amour de l'Afrique. » — « Vous faites l'œuvre de la France. » — Les Sœurs Blanches. — Le concile et la guerre. — Appel aux Alsaciens-Lorrains. — Mesures vexatoires.

## I

En voyant l'extension que prenaient ses œuvres apostoliques, l'archevêque se préoccupait de former une congrégation de missionnaires qui pussent venir en aide au clergé séculier, et travailler plus efficacement à l'évangélisation des populations de l'Afrique barbare.

Un jour que ces pensées hantaient son esprit, il reçut la visite du supérieur du grand séminaire de Kouba, prêtre vénérable que le diocèse entier entourait de respect et d'affection. Ce digne fils de saint Vincent de Paul partageait les vues de Mgr Lavigerie et demandait à Dieu depuis longtemps de manifester sa volonté à cet égard.

« Monseigneur, lui dit-il, en lui présentant trois élèves de son grand séminaire, voici des jeunes gens qui viennent s'offrir à vous pour l'apostolat africain avec la grâce de Dieu, ce sera le commencement de l'œuvre que nous avons souhaitée. »

« Je le vois encore, disait plus tard Mgr Lavigerie, courbant sa tête blanche, s'agenouillant avec ses trois séminaristes, et me demandant de bénir et d'accepter leur dévouement. Je les bénis, en effet, plein à la fois d'étonnement et d'émotion, car je n'avais été prévenu de rien, et cette offre, qui répondait à mes préoccupations, me paraissait surnaturelle. Je les relevai, je les fis asseoir, je les interrogeai longuement ; j'opposai comme je le devais toutes les objections possibles, ils y répondirent, et mon consentement fut enfin donné pour un essai, à titre d'épreuve. »

C'est ainsi que l'œuvre commença, bien humblement, par les éléments en apparence les plus faibles : un vieillard près de la tombe, trois jeunes gens, trois enfants qui entraient à peine dans la vie.

Installés dans une modeste maison à El-biar, près d'Alger, les trois novices furent placés sous la direction de deux religieux expérimentés. C'était bien le grain de senevé de l'Evangile destiné à devenir un grand arbre qui devait étendre ses rameaux sur l'Afrique entière.

Bientôt d'autres jeunes gens se sentirent appelés. La pauvre maison devenait trop étroite. Il fallait songer à un autre local. Mgr Lavigerie transporta alors le séminaire de Saint-Eugène à Kouba, et fit occuper la maison, restée libre par ses chers novices. Les aspirants affluaient de tous côtés attirés par la perspective du bien immense qu'il y avait à faire dans cette Afrique aux déserts brûlants et aux profondeurs mystérieuses. Leur âme généreuse s'enflammait d'un désir ardent de contribuer à la conversion de ces cruels nègres et de ces musulmans fanatiques.

Cependant Mgr Lavigerie ne leur dissimulait pas les dangers qu'ils devraient courir et le martyre qui les attendait : « Ce qui vous a séduits, leur écrivait-il, dans une telle œuvre, et amenés de si loin, et en si grand nombre, c'est en effet ce qui semblait devoir vous repousser davantage, je veux dire : les difficultés les peines, les périls, les souffrances qu'elle impose. Il n'y a pas de mission au monde où il y ait plus à souffrir, de la pauvreté, de la fatigue, de la chaleur, de la soif et de la faim, et à mesure que la voie s'ouvrira devant vous dans le centre de ces pays barbares, de la cruauté même de leurs habitants.

« Ni les Pères qui ont présidé à votre formation avec tant de dévouement et de zèle, ni moi-même ne vous avons caché rien de tout cela à mesure que vous vous êtes présentés pour entrer dans la société des missionnaires.

« Vous savez ce que j'ai écrit comme la devise future de votre œuvre sur les lettres testimoniales que me présentait l'un d'entre vous, à son arrivée à Alger.

« Ce bon prêtre, venu d'un des diocèses les plus religieux et les plus paisibles de la France, me présentait selon l'usage, ses lettres testimoniales pour être admis à célébrer le saint sacrifice. Je les pris, et sans rien dire, j'écrivis, au lieu de la formule ordinaire, celle-ci : « Vu pour le martyre. » Puis je lui rendis ses lettres en disant :

« — Lisez, acceptez-vous ?

« — C'est pour cela que je suis venu, » me dit-il simplement.

« Sous une forme ou sous une autre, vous avez tous entendue à votre arrivée la même parole, vous avez tous fait la même réponse. »


## II


Approuvés par le concile d'Alger et par le Saint-Siège, les religieux de la nouvelle société se réunirent en Chapitre général pour l'organisation de leur association et l'élection des supérieurs. Mgr Lavigerie, qu'ils appelèrent unanimement à les gouverner, déclina cette charge, et l'on choisit à sa place le P. Deguerry, neveu du curé martyr de la Madeleine. Cinquante prêtres prirent part à ce chapitre : on voit par là que la nouvelle congrégation s'était rapidement recrutée.

Mgr Lavigerie, pour donner une influence plus grande à ses missionnaires, eut la pensée très heureuse de leur faire porter le costume de ceux qu'ils devaient évangéliser. Ils s'habillèrent donc à l'arabe et devinrent les *Pères Blancs*.

Dans une lettre admirable, qui est devenue comme une partie de leurs constitutions, Mgr Lavigerie insiste beaucoup sur ce dernier point :

« Votre œuvre, leur dit-il, est destinée aux infidèles de l'Afrique. Elle ne peut et ne doit rien entreprendre qui n'ait cette fin pour objet. Et non seulement elle a ce but spécial, mais elle doit l'atteindre par des moyens spéciaux, qui donnent à son action un caractère particulier. Ce caractère, c'est de se rapprocher des indigènes par toutes les habitudes extérieures, par le langage d'abord, par le vêtement, par la nourriture. Sachez donc que toutes les fois que, par un déraisonnable système d'innovation, vous vous écarterez de ces deux points, vous détruirez autant qu'il est en vous la raison d'être de votre société. »

« Le fondateur a été obéi, dit l'abbé Félix Klein, les Pères Blancs se sont fait Africains pour l'amour de l'Afrique.

« A les voir parcourir à cheval les solitudes sahariennes ou les sentiers escarpés de la Kabylie, le burnous flottant au vent, la tête couverte de la chéchia rouge ou du haïk à poils de chameau, qui les prendrait pour des prêtres d'Europe ?

« L'illusion ne tomberait point si on les voyait lestement descendus à terre, pénétrer dans le gourbi ou sous la tente, s'asseoir, impassibles, sur les nattes d'alfa ou de palmier, converser longuement en arabe avec leurs hôtes, s'intéresser à leurs besoins, leur expliquer les paperasses administratives ou judiciaires dont les gratifient, sans compter les autorités françaises, faire lire les petits enfants sur l'ardoise traditionnelle, les émerveiller par leur connaissance du Coran, distribuer quelques menus présents, partager le repas de couscous et d'eau fraîche, et avant de partir échanger avec leurs amis le gracieux salut qui consiste à se toucher la main, puis à l'approcher de son cœur et de ses lèvres.

« Les Pères prennent les mœurs extérieures du pays jusque dans leur vie privée, et, par exemple, ils passent leur vie par terre, enveloppés dans leurs burnous ; il leur est toutefois permis, à la maison de coucher sur une planche, et dans le cas de maladie sur une paillasse.

« Que leur zèle ait été constamment réglé par la prudence et soutenu par une patiente charité, les résultats obtenus le prouvent suffisamment. Il n'est pas un seul poste où ils soient établis depuis une année seulement, et où ils n'aient gagné l'entière confiance des indigènes.

« C'est au point que les Arabes, touchés de leurs vertus, ont dit à plus d'un d'entre eux : « Les autres « Roumis seront tous damnés, mais toi, tu es droit, « tu iras en Paradis. » Quelques musulmans d'une orthodoxie plus sévère, se désolent de voir que tant de vertus ne pourront servir au missionnaire pour l'éternité, faute de croire à l'Islam, et ils essaient naïvement de les convertir. Un premier refus ne les rebute pas ; ils insistent : « O marabout, disent-ils, ce n'est « pas difficile, dis la chaada, et tu seras sauvé. » Si le marabout vient à sourire de leur excès de zèle, ils

le croient ébranlé et ils ajoutent : « Va, dis après moi :
« Il n'y a de Dieu que Dieu et Mohammed est le
« prophète de Dieu. » Et rien ne les attriste comme
l'obstination du père à ne pas dire la chaada. »

Au mois d'octobre 1874, Mgr Lavigerie avait la
consolation de consacrer une magnifique église, que
les aumônes des chrétiens et les sacrifices des missionnaires avaient élevée pour le séminaire de la mission. Ce jour-là, l'archevêque fit entendre de nobles
paroles, qui étaient comme la proclamation du général envoyant ses soldats au combat : « Marchez donc
au nom et avec l'aide de Dieu, disait-il, allez relever
les petits, soulager ceux qui souffrent, consoler ceux
qui pleurent, guérir ceux qui sont malades. Ce sera
l'honneur de l'Eglise de vous voir révéler de proche
en proche jusqu'au centre de cet immense continent
les œuvres de la charité; ce sera l'honneur de la
France de voir ainsi achever son œuvre en portant
la civilisation chrétienne bien au delà de ses conquêtes, dans ce monde inconnu dont la vaillance de
ses capitaines a ouvert les portes. »

Les Pères Blancs ont conquis la sympathie non
seulement des indigènes, mais aussi des représentants
de la France sur la terre algérienne. N'est-ce pas
s'honorer que de rendre ainsi justice au dévouement
absolu de ces admirables missionnaires qui ne séparent pas dans leur zèle et leur affection l'Eglise et la
France? L'amiral de Gueydon se plaisait à reconnaître ce sentiment de patriotisme qui les anime
lorsque, dans une visite qu'il faisait à Maison-Carrée,

il leur disait : « Je vous approuve, parce qu'en cherchant à rapprocher les indigènes de nous, par l'instruction des enfants, par la charité envers tous, vous faites l'œuvre de la France »


## III


« Malgré le zèle des missionnaires, leurs efforts ne produiront jamais de fruits suffisants s'ils ne sont aidés par des femmes apôtres auprès des femmes. Seules des femmes peuvent approcher librement des femmes païennes, entretenir avec elles des rapports de charité, panser leurs maux, toucher ainsi leurs cœurs, et leur faire comprendre leur profond abaissement par le spectacle même de la hauteur morale à laquelle la femme chrétienne est parvenue. »

On voit par ces paroles que Mgr Lavigerie avait conçu, à côté de l'œuvre des missionnaires de Notre-Dame d'Afrique, l'œuvre des sœurs apôtres.

Voici le programme d'apostolat qu'il leur assignait : Enseigner les notions élémentaires de la religion aux femmes infidèles, ouvrir des pensionnats et des écoles pour les enfants indigènes ou européens, soigner les malades dans les hôpitaux et à domicile, enfin compléter dans les missions l'œuvre des Pères Blancs.

C'est à Kouba, en 1868, que la société des Sœurs Blanches prit naissance. Placées sous la direction des sœurs de Saint-Charles et des sœurs de l'Assomption venues de Nancy pour se livrer à tous les travaux de l'apostolat, elles formèrent au bout de dix ans une congrégation indépendante.

Leur ministère a été fécond, et profonde l'impression qu'elles ont produite sur les indigènes de l'Afrique. « J'ai cité quelque part, écrivait l'archevêque, et je répète toujours avec émotion cette parole d'un vieux Turc arrêtant un jour dans une ville musulmane une de nos sœurs de charité pour lui dire : « Ma sœur, est-ce que, quand vous descendez du « ciel, vous autres religieuses, vous êtes habillées « comme vous voilà ? »

Les sœurs missionnaires apparurent bientôt aux yeux des Arabes avec la même auréole ; elles étaient tellement touchées de les voir s'intéresser à leur malheureux sort, et leur procurer tous les soulagements dont elles avaient besoin dans leur misère, qu'elles les regardèrent comme des êtres venus du ciel.

Elles leur attribuaient même un pouvoir souverain, témoin le fait suivant :

Un jour qu'elles s'étaient rendues dans un village kabyle pour exercer leur charité envers les malades, elles furent bientôt assaillies par une foule nombreuse de gens qui réclamaient des soins et des remèdes. Une pauvre femme insistait tout spécialement pour entraîner les religieuses chez elle.

« — Viens tout de suite, disait-elle, à la sœur. Mon fils est malade et a besoin de toi.

— Qu'a-t-il donc, ton fils ?

— Il est mort ! »

## IV

Pendant que Mgr Lavigerie était ainsi absorbé dans les œuvres de son zèle apostolique, le pape convoqua à Rome les évêques du monde entier pour le concile du Vatican. Il partit donc, fermement résolu à ne pas prendre part aux divisions qui pourraient s'élever entre les évêques. « Je veux être simplement avec le pape et la majorité des évêques, disait-il aux prélats qui essayaient de l'entraîner dans la discussion. Or, il est absolument visible que le pape et huit cents évêques sont d'un côté, et qu'une minorité relativement faible quant au nombre se trouve de l'autre. Pour moi, le fond de la question est jugé, ou bien il n'y a plus d'Eglise, même au sens des partisans du gallicanisme. »

Les divisions qui séparaient alors les Pères du concile lui causèrent « le plus grand chagrin de sa vie, car elles le mirent en opposition d'opinions et de sentiments avec celui qui avait été le protecteur de sa jeunesse et qui était resté son meilleur ami, Mgr Maret, ancien doyen de la Sorbonne. Il suivit cette ligne de conduite tout le temps que dura le concile, si bien que le cardinal secrétaire d'Etat, à qui le Pape demandait un jour : « Et l'archevêque d'Alger comment se conduit-il ? » pouvait répondre en souriant : « Comme un ange. »

A peine la définition de l'infaillibilité pontificale

était-elle proclamée, que la guerre qui venait d'éclater entre la France et la Prusse, dispersait les évêques, qui se hâtaient de retourner dans leurs diocèses. A cette nouvelle, Mgr Lavigerie prescrivit des prières publiques pour le succès de nos armes; puis, au moment où l'armée française était battue à Reichshoffen, il ordonna une quête en faveur des blessés des armées de terre et de mer. Il offrit ses prêtres comme aumôniers ou infirmiers. Après le désastre de Sedan, l'archevêque d'Alger écrivait : « La France se trouve dans la situation la plus grave et la plus solennelle... Pour sauvegarder notre honneur et défendre le territoire national, un gouvernement provisoire vient d'être constitué, et il adresse un puissant appel au dévouement de tous. Catholiques de l'Algérie, à quelque nation que vous apparteniez par votre origine, vous répondrez à cet appel. Vous y répondrez par votre union, votre concorde et l'énergie avec laquelle vous saurez seconder l'autorité pour maintenir l'ordre public dans la colonie contre les tentatives de tous les perturbateurs.

« Sachons aussi nous imposer tous les sacrifices que réclame la patrie. Retranchons-nous avec courage tout superflu et, s'il le faut, une portion même du nécessaire pour venir en aide à ceux qui combattent, à ceux qui souffrent, à ceux qui, j'en ai la confiance, triompheront pour nous.

« Pour moi, et je ferais avec bonheur davantage si je n'avais à pourvoir aux énormes charges qui m'incombent, tant que durera la guerre impie qui nous est faite, je fais au gouvernement de la République l'offrande de la moitié de mon traitement. Vous pardonnerez à votre évêque, s'il supprime pendant ce temps, en tout ce qui dépend de lui, l'appareil extérieur de sa dignité, et s'il pense qu'il doit ainsi vous donner l'exemple dans cette grande épreuve de la patrie... Et puis, mes très chers frères, quoi qu'il puisse arriver encore, courage et confiance! Oui, courage et confiance, et prenez pour cri de ralliement la chrétienne devise :

« Avec l'aide de Dieu et pour la patrie! »

« Quand la France fut dépourvue de canons, l'archevêque offrit les cloches de sa cathédrale et celles des églises pour en fondre de nouveaux; et comme l'Algérie, privée de ses défenseurs, était menacée sans cesse de nouvelles insurrections arabes, il encouragea publiquement les membres de son clergé à se montrer vaillants patriotes. L'archevêque tint à assister lui-même aux obsèques du curé de Palestro, mort en défendant ses paroissiens. L'abbé Gillard, secrétaire de l'archevêché, avait été blessé d'un éclat d'obus à Sedan. Mgr Lavigerie, pour lui faire honneur, alla l'attendre en personne, à son retour à bord de *l'Hermus*, et il le nomma, séance tenante, son vicaire général ». (1) En même temps il offrait de recevoir dans ses orphelinats de Kouba et de la Maison-Carrée les enfants pauvres

(1) Xavier de Préville, *Un Grand Français, le cardinal Lavigerie*, p. 134.

des colons et des ouvriers algériens appelés sous les armes.

Lorsque la guerre fut terminée, l'archevêque d'Alger se souvint de ses anciens diocésains que les malheurs de la guerre et l'exil réduisaient à la misère, et il leur offrit l'hospitalité sur la terre d'Algérie. Rien ne montre mieux le grand cœur et l'esprit d'initiative de Mgr Lavigerie que la lettre qu'il leur adressa à cette occasion : « Chrétiennes populations de la Lorraine et de l'Alsace, qui errez en ce moment sur les routes de la France, de la Suisse et de la Belgique, fuyant vos maisons incendiées, vos champs dévastés, l'Algérie, la France africaine, par ma voix d'évêque, vous ouvre ses portes et vous tend ses bras.

« Ici, vous trouverez pour vous, pour vos enfants, pour vos familles, des terres plus abondantes et plus fertiles que celles que vous avez laissées entre les mains de l'envahisseur.

« Sous un ciel plus doux que le vôtre, dans un climat qui passionne tous ceux qui l'ont connu, vous pourrez former des villages uniquement composés d'habitants de vos provinces, et où vous conserverez la langue, les traditions, la foi du sol natal ; vous y retrouverez pour vous parler, pour vous instruire, des prêtres de votre pays que nous vous donnerons pour pasteurs ; vous pourrez, comme l'ont fait des colonies sorties des provinces voisines de la vôtre, donner aux centres créés par vous les noms des villes, des bourgs, des villages qui vous sont chers, parce qu'ils sont ceux de la patrie.

« Rien n'est plus facile en Algérie. L'Etat y possède ou peut se procurer aisément des millions d'hectares de terres dans les plaines, au haut des collines, sur les montagnes, près des rivages de la mer ; indépendamment des riches cultures propres à ce pays, toutes celles auxquelles vous êtes habitués dans vos contrées y doivent également réussir. Enfin, et c'est là, je le sais, l'un des points qui vous touchent le plus, vous aurez parmi vous, sous le rapport religieux, tous les secours nécessaires.

« Les religieuses qui élèvent les enfants, qui soignent les pauvres et les malades dans les provinces d'Alger, de Constantine, sont presque toutes Lorraines ou Alsaciennes. Vous trouverez ici près de cinq cents sœurs de la Doctrine chrétienne de Nancy et de la Providence. Et je ne trahirai pas un secret en vous disant qu'aucune de ces admirables femmes ne voudrait maintenant quitter l'Algérie pour rentrer dans son pays natal. Si vous venez parmi nous, vous penserez bientôt comme elles ; vous aimerez cette terre envers laquelle Dieu a été prodigue de tous ses dons.

« Venez donc dans notre France nouvelle. Elle ne demande que des bras pour développer une vie qui doublera celle de la mère patrie.

« Venez, nous sommes prêts à vous accueillir comme des frères, à vous faciliter vos premiers travaux, à vous consoler de vos douleurs.

« En contribuant à former sur ce sol encore infidèle une population laborieuse, morale, chrétienne, vous en serez les vrais apôtres devant Dieu et devant la patrie.

« Pour moi, mes frères, enfants de mon ancien et toujours cher diocèse, tout ce que j'ai, je le donnerai volontiers pour vous, s'il le faut. »

## V

Au milieu de ces œuvres du patriotisme et du dévouement, le démon suscita des obstacles qui auraient découragé le zèle de l'archevêque, si son âme n'eût pas été admirablement douée de force et de persévérance. L'amiral de Gueydon, en mettant au service de Mgr Lavigerie toute son influence et son crédit, avait fait cesser pendant quelque temps les vexations auxquelles il était en butte de la part des bureaux arabes et de l'administration. Cela ne fut pas de longue durée.

Chanzy avait remplacé l'amiral. Nature droite, loyale, sincère, le général n'eut pas le temps d'étudier à fond l'état des choses. Aussi les bruits les plus calomnieux circulèrent bientôt. Des paroles on passa aux faits, et la haine inspira les mesures les plus anti-religieuses.

Jusqu'à cette époque le culte catholique pouvait déployer publiquement la pompe de ses cérémonies. C'était du meilleur effet sur les musulmans. Les autorités de la colonie se faisaient chaque année, en particulier, un devoir d'assister à la procession de la

Fête-Dieu, et lorsque la bénédiction était donnée sur la place du Gouvernement, c'était un coup d'œil magnifique en même temps qu'une imposante manifestation de la religion de la France.

L'intolérance du conseil municipal d'Alger supprima les processions en 1872.

L'évêque fit entendre une noble protestation, et invita ses curés et ses diocésains à faire partie d'une procession solennelle qui eut lieu sur un terrain privé autour du sanctuaire de Notre-Dame d'Afrique.

Mais les passions sectaires ne désarmèrent pas. Elles trouvèrent un auxiliaire dans la personne d'un journaliste nommé Warnier, autrefois grand admirateur des œuvres de Mgr Lavigerie, et qui, devenu député, voulut se faire un succès retentissant de tribune, en dénigrant au Palais-Bourbon les faits et gestes de l'archevêque d'Alger.

Il prétendait se faire l'écho des plaintes de l'ancien évêque d'Alger, Mgr Dupuch, qui avait blâmé la conduite de son successeur. L'argent que la Chambre octroyait chaque année pour les œuvres charitables de l'Algérie ne servait en réalité qu'à une chose : augmenter l'autorité et le prestige du prélat, et la preuve c'est que les bureaux arabes l'accusaient en flattant les indigènes d'exercer son influence à son profit personnel plutôt qu'au profit de la France. La conclusion était claire : il fallait supprimer l'allocation annuelle de 80.000 francs, inscrite au budget de l'Etat.

La réponse suivit de près l'accusation : « Quand des renégats combattent notre œuvre, disait Mgr Lavigerie, il est bon de démontrer à la France catholique, que l'avenir de l'Algérie n'appartient ni aux Arabes ni à l'islamisme ». Le crédit fut maintenu.

Malheureusement la lutte n'était pas terminée. Les secours donnés au clergé et aux séminaires furent eux aussi discutés et diminués, à la stupéfaction douloureuse des âmes vraiment amies de la France et de la religion. En 1876, sur un budget de 850.000 francs, les députés supprimèrent 209.000 francs.

D'autres que l'archevêque d'Alger se seraient découragés devant de pareilles mesures; lui au contraire sentit s'accroître son zèle pour le maintien et le développement des œuvres confiées à sa sollicitude. Quêteur infatigable, il demanda à la charité chrétienne de rétablir dans ses finances l'équilibre que les politiciens sectaires de la Chambre avaient rompu.

C'est une des gloires des catholiques de notre siècle d'avoir su prodiguer leur or, toutes les fois que l'Eglise dépouillée leur a tendu la main, en faveur des œuvres qu'elle entreprenait pour subvenir aux nécessités des âmes.

# CHAPITRE VI

Apostolat en Kabylie. — « C'est pour m'attraper que tu veux que je vienne prendre tes sous. » — « Je suis né musulman et je mourrai musulman, mes fils mourront chrétiens. » — Mission du Sahara et du Soudan. — Premiers martyrs. — Relations avec les autorités militaires. — Le discours sur l'armée et la mission de la France en Afrique.

## I

APRÈS avoir commencé l'œuvre d'assimilation que son zèle intelligent avait rêvée, Mgr Lavigerie songea donc à faire pénétrer la foi et la civilisation chrétienne, dans le continent noir tout entier. Il fit ses premiers essais sur une population différente des Arabes, les Kabyles. Quoique musulmans, ceux-ci avaient conservé certaines coutumes particulières, et, au contraire des autres mahométans, ils n'avaient jamais appliqué le Coran dans le domaine politique et civil, tout en le regardant comme une loi religieuse.

L'archevêque d'Alger résolut de les visiter, avant d'entreprendre l'œuvre d'une manière définitive.

C'était en 1872 : le vénérable prélat avait fait annoncer un peu à l'avance sa visite dans un village. Il s'y rendit à pied, par les sentiers abrupts de la montagne, qui ne se prêtent pas au passage des voitures, comme on peut le penser aisément. Après des détours sans fin au milieu des rochers, des vallées, des arbres, on aperçut le village sur une petite éminence.

A l'entrée du village, dans une maison complètement ouverte qui regardait la route, tous les hommes étaient réunis, ayant un vieillard à leur tête. Les femmes, les enfants étaient perchés sur tous les escarpements des rochers, sur les toits des maisons, partout où pouvait se placer un pied ou un corps humain.

Mgr Lavigerie avait son grand costume d'évêque. Il était entouré des prêtres de sa suite. Lorsqu'il s'approcha du village, les hommes s'avancèrent gravement vers lui pour lui souhaiter la bienvenue. Le vieillard ouvrait la marche. C'était l'amin, ou maire, accompagné de son conseil ; car les Kabyles ont conservé la vie municipale, telle que la pratiquaient les Romains, avec les assemblées et les élections populaires, et la maison où ils étaient réunis n'était autre chose que le forum ou, comme ils le disent, la djemmâa, le lieu de la réunion de tous les hommes en état de porter les armes.

L'amin s'avança vers l'archevêque, et, avec un

geste plein de gravité et de noblesse, il mit la main sur les vêtements du prélat et la porta ensuite respectueusement à ses lèvres.

« Que la bénédiction de Dieu soit sur vous tous ! leur dit l'archevêque.

— Qu'elle soit avec toi, » répondirent-ils tous ensemble.

Ensuite on reprit le chemin de la djemmâa.

C'était une sorte de hangar. A droite et à gauche, contre les murs, se trouvent des bancs de pierre, en forme de gradins, comme dans un amphithéâtre. C'est là que tout le monde s'asseoit, pêle-mêle, après avoir donné à l'archevêque la place d'honneur.

« Je suis venu vous voir, dit alors Monseigneur à l'amin, pour vous témoigner mon affection pour vous. (Ici tous les assistants portèrent à la fois leurs mains à leur cœur et à leur tête.) Et je vous aime particulièrement parce que nous sommes du même sang, les Français et vous. Les Français descendent, en partie, des Romains comme vous, et ils sont chrétiens comme vous l'étiez autrefois. Regardez-moi, je suis évêque chrétien ; autrefois il y avait en Afrique plus de cinq cents évêques comme moi, et ils étaient tous Kabyles, et parmi eux il y en avait d'illustres et de grands par la science, et tout votre peuple était chrétien ; et ce sont les Arabes qui sont venus, et qui ont tué vos évêques et vos prêtres, et ont fait vos pères musulmans par la force. Savez-vous cela ? »

Ils se consultèrent entre eux, avec un grand flux de paroles, et l'amin répondit à Monseigneur :

« Nous le savons tous, mais il y a bien longtemps de cela. Ce sont nos grands-pères qui nous l'ont dit; mais nous, nous ne l'avons pas vu » (1).

Malgré la cordialité de leur réception, les Kabyles ne se livraient pas; on leur avait dit de se tenir en garde contre ces Français qui venaient de loin chez eux. Mgr Lavigerie ne se découragea pas; il continua sa visite, parcourant les villages, et se montrant affable et bon. La curiosité poussait bien les femmes à regarder l'évêque et sa suite derrière les murs de leurs demeures. Mais on lisait l'effroi sur leur visage. Les enfants étaient moins sauvages et s'approchaient plus facilement des étrangers. Mais si l'on faisait mine de se diriger vers eux, ils se sauvaient à toutes jambes en poussant des cris épouvantables.

Pour vaincre leur répulsion, on imagina alors de faire miroiter à leurs yeux quelque menue monnaie. Quelle tentation pour des enfants! L'un d'eux sembla d'abord y succomber, il s'avança plus près, tant l'attrait que les sous exerçaient sur lui était irrésistible.

« Allons viens, lui dit l'un des voyageurs, si tu les veux, viens les prendre. »

Mais le gamin, dans l'œil duquel brillait déjà la finesse et la ruse, étendit sa main en disant :

« Ah! c'est pour m'attraper et m'emporter que tu veux que je vienne prendre tes sous; jette-les sur la route, je viendrai les ramasser. »

(1) Cf. *Bulletin de l'œuvre de Sainte-Monique.*

On obtempéra aux ordres du jeune drôle, il saisit rapidement les sous et prit la fuite au milieu des précipices.

Les Kabyles, pour empêcher leurs enfants de se lier d'amitié avec les étrangers, leur racontaient à leur sujet les histoires les plus fantastiques. Les Français étaient des ogres qui se nourrissaient de la chair des petits enfants dont ils pouvaient s'emparer. On comprend que les jeunes Kabyles n'aient pas voulu pour tout au monde s'approcher de ceux qui se disposaient, croyaient-ils, à les manger comme Croquemitaine.

Voilà l'état où se trouvaient réduits les descendants des chrétiens nombreux et fervents de la primitive Eglise. Les pères jésuites avaient essayé autrefois de les évangéliser, mais, entravés dans leur œuvre par les bureaux arabes, ils avaient eu peu de succès.

Quelque temps après son voyage d'exploration, Mgr Lavigerie envoyait trois missionnaires de la congrégation des Pères Blancs pour commencer les premiers essais de l'évangélisation des Kabyles. Leur bagage était léger : le livre de la prière, qui accompagne le prêtre partout où il va, et les objets nécessaires à la célébration des saints mystères. C'était la faiblesse et le dénûment, mais c'était aussi la force, puisque Dieu était avec ses apôtres. La lassitude les força de s'arrêter au village de Taguemmount-Azous. La mission kabyle était fondée, au prix de quelles souffrances, ceux-là seuls qui firent partie de cette première expédition apostolique pourraient le dire.

Durant trois mois ils ne connurent d'autre lit que la terre nue, d'autre abri que le firmament qui s'étendait au-dessus de leurs têtes. La charité catholique leur vint enfin en aide et leur procura les secours nécessaires pour se construire une demeure dont ils furent les architectes et les maçons. Hélas ! ils durent bientôt reconnaître leur incompétence en pareille matière. La maison s'effondra un beau jour et faillit écraser ses habitants. Il fallut bâtir de nouveau dans de meilleures conditions.

Dieu bénit les efforts de ses serviteurs. On compte aujourd'hui en Kabylie sept stations. L'occupation principale des missionnaires est de faire l'école à tous les enfants indistinctement. L'horreur qu'ils avaient autrefois pour les étrangers a disparu, et ils viennent nombreux se mettre sous la direction de ceux qu'ils fuyaient autrefois avec terreur. Les parents voient ces écoles d'un bon œil et y envoient sans difficultés leurs enfants, car ils savent par expérience qu'ils peuvent compter sur le dévouement, la charité et la patience de ceux qui les tiennent. Mgr Lavigerie, dans cette œuvre comme tant d'autres, a trouvé le moyen de réussir dans la mesure du possible. Son zèle et sa prudence l'ont bien inspiré.

Espérons que la vérité rentrera triomphante dans ces populations qui furent éclairées autrefois de ses splendeurs.

Voici à ce sujet une conversation entre un professeur du grand séminaire d'Alger et un Kabyle :

« — Que portes-tu inscrit sur le front et sur la main ?

— C'est le signe de l'ancienne voie.

— De quelle voie veux-tu parler ?

— De celle que suivaient nos pères.

— Pourquoi, l'as-tu gravé sur ton front ?

— Parce que c'est un signe de bonheur.

— Pourquoi ne suis-tu pas la voie de tes pères, puisque c'est la voie du bonheur ?

— Moi, non, je suis né musulman et je mourrai musulman ; mais mes fils mourront chrétiens, et mes petits-fils naîtront chrétiens. »


## II


« Allez, ô mes fils, disait Mgr Lavigerie en envoyant ses missionnaires à la conquête des peuples de l'Afrique, allez leur enseigner cette doctrine. Dites-leur que ce Jésus dont vous leur montrerez la croix est mort sur elle pour porter toutes les libertés du monde, la liberté des peuples contre le joug de la tyrannie, la liberté des consciences contre le joug des persécuteurs, la liberté du corps contre le joug de l'esclavage ; oh ! qu'ils sont beaux pour les enfants des noirs, ces pieds qui descendront de leurs montagnes, meurtris des blessures du chemin et couverts de sa poussière ! Oh ! qu'ils sont beaux aux yeux des chrétiens ces pieds que l'amour porte au martyre, ces pieds qui se livrent eux-mêmes pour le rachat des victimes de tant de douleurs, et avec quel respect, mes très chers frères, nous les devons tous embrasser ce soir ! »

Ces paroles d'adieu retentissaient aux oreilles de ceux de ses missionnaires qu'il destinait au Sahara et au Soudan. Son but final était la ville mystérieuse de Tombouctou. S'il ne pouvait l'atteindre encore, du moins voulait-il en montrer le chemin aux missionnaires de l'avenir.

Au commencement de l'année, il envoya donc le R. P. Deguerry pour visiter Lagouhat, Metlili, El-Golea, Géryville et Biskra. Etablis dans ces postes voisins du Sahara, ils s'appliquèrent d'abord à gagner la confiance des infidèles en soignant les malades et en instruisant les enfants. Les missionnaires remarquèrent bientôt chez les Mzabites, nos plus proches voisins, et surtout chez les Touaregs, les mêmes caractères qui distinguent les Kabyles des Arabes.

M. Duveyrier, qui a été envoyé par le gouverneur français en mission chez eux, en a fait la remarque : « La croix se trouve partout : dans leur alphabet, sur leurs armes, sur leurs boucliers, dans les ornements de leurs vêtements. Le seul tatouage qu'ils portent au front, sur le dos de la main, est une croix à quatre branches égales ; le pommeau de leurs selles, la poignée de leurs sabres, de leurs poignards sont en croix. » Au mois de décembre 1875, Mgr Lavigerie, permit à trois d'entre eux d'aller dans ces contrées barbares à la conquête des âmes : « Trois de nos missionnaires sont en ce moment chez les Touaregs, en route pour Tombouctou, avec l'ordre et la résolution de s'établir définitivement dans la capitale du Soudan ou d'y laisser leur vie pour l'amour de la Croix. »

« Ces trois intrépides missionnaires, raconte Mgr Baunard, étaient le P. Paulmier, du diocèse de Paris, le P. Ménoret, du diocèse de Nantes, et le P. Bouchaud, du diocèse de Lyon. Quand, à Metlili, où ils étaient stationnés, ils déclarèrent leur résolution d'aller chez ces barbares, les indigènes de cette station les prévinrent que c'était courir à une mort certaine : « Vous ne partirez pas ! » leur criait la population arabe qui les aimait. Les voyant inébranlables, le chef des Chambâas leur dit solennellement : « Je ne veux pas que votre sang retombe sur moi, « ni qu'on m'accuse de votre départ. Vous allez me « signer une déclaration attestant que vous vous êtes « mis en route malgré moi. » Et ils signèrent. — « Eh bien ! s'ils partent, dit un indigène nommé « El-Hadj, c'est moi qui serai leur guide, car ils m'ont « fait du bien. Ou je les ramènerai ici, ou je mourrai « avec eux. » Le chef de sa famille, un vieillard, le supplia de rester : « Attends au moins que je sois « mort, et cela ne tardera pas, car je suis vieux ; mais « n'abandonne pas ton père, pour aller mourir. » El-Hadj n'écouta rien et il partit.

« Le P. Deguerry s'était rendu à Metlili pour présider à ce départ. L'enthousiasme était grand dans l'âme des trois apôtres. Quand il les eut embrassés une dernière fois, le supérieur les vit remonter sur leurs chameaux, rayonnants de joie, puis partir en entonnant le *Te Deum* tout d'une voix. Il resta à en écouter les versets qui s'en allaient diminuant, mourant, jusqu'à ce que les derniers accents se perdissent dans le lointain de l'incommensurable désert. La caravane avait disparu à ses yeux. » (1)

Hélas ! trois mois après le départ de ces héroïques missionnaires, le 13 avril, le commandant supérieur de Laghouat télégraphiait au gouverneur général de l'Algérie que le bruit se répandait que les pères avaient été massacrés par les Touareg. C'était le jeudi saint. L'archevêque allait partir pour Saint-Eugène lorsqu'il reçoit la dépêche que lui communiquait le gouverneur. Suffoqué par l'émotion, le prélat ne peut articuler une parole et il passe à l'évêque d'Urgel qui l'accompagnait le fatal papier. « *Te Deum laudamus* » s'écrie aussitôt le prélat espagnol, en joignant les mains et en levant les yeux au ciel. L'archevêque continua le verset suivant et c'est en récitant cette prière triomphale qu'ils montèrent tous deux à Notre-Dame, d'Afrique pour épancher devant l'image de Marie les sentiments qui oppressaient leur âme.

Quelque temps après, Mgr Lavigerie recevait confirmation de la nouvelle. C'étaient des Touareg noirs qui avaient consommé ce forfait. Les trois missionnaires avaient été décapités. D'après la loi musulmane, c'est le supplice réservé aux chrétiens en haine de leur foi.

L'archevêque d'Alger écrivit aux parents des victimes une lettre admirable : « Vos fils, disait-il, ont souffert la mort pour la cause de Dieu...

« Vos cœurs, éclairés par la foi, ont tressailli, je le

______

(1) Cf. *le Cardinal Lavigerie*, par Mgr BAUNARD, p. 497.

sais, d'une joie sainte, et vos yeux cependant ont versé des larmes. Ce n'est pas moi qui accuserai ces larmes de faiblesse. Marie a pleuré Jésus sur le Calvaire, et Jésus a pleuré Lazare parce qu'il l'aimait. Comment pourrai-je défendre à un père, à une mère de pleurer leurs fils ? Le voudrais-je d'ailleurs, je ne le pourrais pas sans me condamner moi-même. Ce premier déchirement de la nature, je l'ai ressenti comme vous, car ils étaient mes fils en même temps que les vôtres. Vous les aviez engendrés à la vie, je les avais engendrés au sacerdoce. Dieu s'était servi de vous pour les donner à la terre. Il a daigné se servir de moi, pasteur sans amour, pour les donner au martyre et au ciel.

« Oh ! qu'ils ont reçu avec plénitude la grâce dont Dieu m'avait fait pour eux le dispensateur. Je me rappelle les paroles que je leur adressais, ainsi qu'à leurs frères, il y a deux ans à peine, au jour de la consécration de leur église, de cette église où leurs restes sacrés reposeront un jour. Vous les avez lues peut-être alors, car les journaux les répétèrent, et vous aurez tremblé pour vos fils. Eux seuls ne tremblaient pas ; ils entendaient au fond de leurs cœurs une voix puissante dont la mienne n'était que l'écho, et cette voix faisait taire en eux toutes leurs terreurs.

« Ce qui vous a séduits dans cette mission, leur disais-je, ce sont les périls mêmes qu'elle présente plus qu'une autre mission de la terre. L'Afrique, dans ses profondeurs encore mal connues, est, on le sait néanmoins, le dernier asile des barbaries sans nom, de l'abrutissement en apparence incurable, de l'anthropophagie, du plus infâme esclavage. Et cependant vous êtes venus, et vous vous êtes engagés à vivre de cette vie, et à mourir de cette mort; et vous attendez tous avec impatience le moment d'aborder le champ de bataille, ce champ de bataille de la charité où vos armes seront vos bienfaits de chaque jour, votre défense, la patience et la douceur, votre prédication la force de vos exemples, votre triomphe enfin, l'héroïque sacrifice de votre vie.

« Je vous regarde, mes chers enfants, je vois sur vos fronts tout l'éclat de la force et de la jeunesse. Je songe à tout ce que vous avez abandonné : famille, patrie, espérances d'ici-bas et je bénis Dieu qui garde encore à la terre tant de cœurs qu'un dévouement héroïque et pur peut enflammer. »

« Vos fils m'écoutaient, et à ces paroles terribles pour la nature, l'ardeur du sacrifice illuminait seule leurs regards. Je me les rappelle encore, au jour de leur sacerdoce, alors qu'agenouillés au pied de l'autel, ils écoutaient la demande que l'évêque adresse partout au nouveau prêtre, mais qui, dans une mission comme la leur, revêt un sens si plein de menaces et d'espérances.

« Me promettez-vous, et à mes successeurs, le respect et l'obéissance ?

« Chacun d'eux répondait d'une voix ferme et modeste :

« — Je le promets ! »

« Et, ils mettaient, selon le rite sacré, leurs mains entre les miennes, comme pour m'abandonner leur vie en même temps que leur volonté. Ils ont tenu leurs saintes promesses. Leur obéissance a été celle du Maître divin dont ils prenaient le joug, l'obéissance jusqu'à la mort !

« Quels souvenirs ! Et de quel glaive ne percent-ils pas mon âme en songeant qu'ils nous ont quittés et que je leur survis ! Voilà ce que je sens sur leur tombe ! et vous qui avez veillé sur leur berceau, puis-je m'étonner que vous les pleuriez avec moi ? Pleurez donc, pleurez comme Jacob pleurait Joseph, comme Rachel pleurait ses fils, mais que vos larmes soient adoucies par les espérances de la foi.

« Ils vivent, vos trois fils martyrs ! Ils vivent en Dieu, pour l'amour duquel ils ont donné leur sang innocent. Ils vivent à jamais dans le souvenir reconnaissant de l'Eglise, leur mère, que leur sacrifice a tant honorée. Fleurs sacrées, où la blancheur du lis s'allie à la pourpre du martyre, et qui, les premières sont venues fleurir et embaumer ces déserts ! Le matin, elles s'élevaient brillantes de tout l'éclat de leur beauté ; le soir elles furent tranchées avant l'heure. Nées ensemble, unies entre elle par les liens sacrés de l'amour, elles ne furent pas séparées dans la mort.

« C'est ainsi que nous les avons vus, c'est ainsi que nous garderons leur douce et aimable mémoire comme David gardait celle de Jonathas.

« Oui, nous les avons vus partir, pleins d'amour

pour Dieu, pleins d'amour pour ces barbares qui allaient leur donner la mort, entonnant, au moment où ils quittaient un sol qui est encore celui de la France, le chant de triomphe de l'Eglise, dans l'espérance désormais assurée de se sacrifier à leur foi. Les premiers, ils répandirent sur cette terre infidèle, dans le divin sacrifice, le sang mystique de l'Agneau, et ils se pressèrent d'y mêler leur propre sang, semant ainsi, dans la mort, la résurrection et la vie !

« Il est vrai, vous ne les verrez plus ici-bas, vous ne reverrez plus leurs yeux doux et fermes, leur calme sourire, vous n'entendrez plus leurs voix généreuses, vous ne sentirez plus battre ces cœurs forts et purs. Mais, un jour qui est proche, vous les retrouverez triomphants, brillants d'une éternelle lumière, portant dans leurs mains les palmes de la victoire.

« C'est ainsi que nous les voyons, dès maintenant, des yeux du cœur et de la pensée, et rien ne peut plus désormais nous les ravir.

« Et vous, ô mères, dont le glaive a percé plus cruellement le cœur parce que votre amour est plus profond et plus tendre, rappelez-vous la mère des Macchabées, exhortant ses fils au martyre et leur promettant le triomphe ! Dieu n'a pas voulu que vous exhortiez vos fils au combat; il l'a fait invisiblement pour vous. Mais votre foi saura vous adresser à vous-mêmes ces accents touchants et sublimes que nos saints Livres ont conservés. Elle vous fera comprendre et goûter le bonheur de vos fils et le vôtre, mères sacrées de ces martyrs !

« Il faut finir, et cependant je voudrais vous parler encore, car je sens que ces lignes, qui vous viendront de la terre où ils sont morts pour Dieu et d'un cœur qui les a aimés, seront douces à votre tendresse. Mais Dieu suppléera à mon impuissance et vous donnera, dans sa bonté, les seules consolations qui ne finissent point. »

Le Saint-Père autorisa une messe solennelle d'action de grâces à l'occasion de la mort glorieuse des missionnaires, et trois ans plus tard, en 1879, sur la prière du cardinal Lavigerie, le P. Richard partait à la recherche de leurs ossements. Il eut le bonheur de les retrouver.

Mgr Lavigerie, après cette première tentative, recommanda à ses missionnaires la prudence et la patience. Il fallait sans doute tout tenter pour faire pénétrer dans ces contrées barbares les lumières de l'Evangile et de la civilisation, mais il était nécessaire aussi de ne pas agir, lorsqu'on allait presque sûrement à un insuccès.

## III

Lorsque Mgr Lavigerie arriva en Afrique, il ne tarda pas à se heurter à des difficultés que lui suscita le gouvernement militaire, relativement aux œuvres qu'il entreprenait pour le salut des Arabes. La mésintelligence dura quelque temps. Mais il y avait trop de loyauté de part et d'autre pour qu'on ne finît pas par s'entendre et par nouer de cordiales et sympathiques relations. Chaque dimanche, des prières solennelles étaient dites à Notre-Dame d'Afrique pour les marins, et dans l'église de la cité Bugeaud pour les soldats.

Le touriste qui visite l'église de Notre-Dame d'Afrique remarque, dans le sanctuaire, attachés au socle de la statue de la Vierge, l'épée de Yusuf et celle de Pélissier, le bâton très connu de Lamoricière, et enfin, dans un cadre, une petite médaille d'argent qui a appartenu à Bugeaud, et qu'il portait avec confiance dans les expéditions auxquelles il prit part en Afrique.

« C'est en 1841, raconte l'archevêque, que Bugeaud vint prendre, avec le gouvernement de l'Algérie, la direction de la guerre d'Afrique. Les temps étaient rudes alors. De toutes parts, les Arabes avaient organisé la résistance, grâce à nos hésitations de plus de dix années. Nos soldats, nos officiers, nos généraux succombaient en grand nombre, ou sous les coups des balles ennemies ou sous les coups de la fièvre.

« Quelques mois auparavant, le général en chef lui-même, Damrémont, avait été frappé mortellement sous les murs de Constantine. La famille du maréchal, voyant son chef se préparer à partir, était dans de vives angoisses, angoisses d'autant plus légitimes que Bugeaud ne s'épargnait pas et qu'on le savait premier au feu. L'une de ses pieuses filles lui demanda, la veille du départ, d'accepter de sa main une médaille de la sainte Vierge et de lui permettre de la passer à son cou comme une sauvegarde contre tant de périls. Le général, ému de cette marque de confiance et de tendresse, céda au désir de son enfant. Il lui laissa placer sur sa poitrine, attachée par un simple cordon, une médaille en argent.

« Le soir même, Bugeaud se trouvait à Périgueux, dans une société nombreuse peu chrétienne, comme la société officielle de ce temps-là. L'évêque du diocèse y était pourtant, et comme il exprimait au général son espoir que Dieu protégerait ses armes :

« Ah ! Monseigneur, répondit-il, moi aussi, j'ai con-
« fiance en Dieu, et pour vous en donner la preuve,
« voici une des armes que j'emporte avec moi. »

« Et, en disant ces mots, le gouverneur de l'Algérie tira de sa poitrine la petite médaille qui s'y trouvait suspendue :

« C'est une médaille de la sainte Vierge, dont j'ai
« promis à ma fille de ne plus me séparer. »

« Le vieux maréchal a tenu parole. Dans toutes ses guerres d'Afrique, la médaille de la sainte Vierge est restée sur son cœur, et Marie s'est plu à récompenser la confiance pieuse de l'enfant et l'acte de foi du vieux capitaine.

« Il est sorti sain et sauf de tous les périls de ses dix-huit campagnes, où tant de braves tombèrent près de lui. Aussi, lorsqu'il partit d'Alger, voulut-il garder sa médaille en témoignage de reconnaissance. Elle était encore suspendue à son cou quand il mourut, quelques mois après, d'une mort prématurée dans des sentiments admirables. C'est seulement après sa mort que les mains de sa fille ont repris, avec un pieux respect, l'image de Marie sur la poitrine du vieux soldat !

« Cette médaille, si précieuse par ses souvenirs, je l'ai demandée, obtenue pour le sanctuaire de Notre-Dame d'Afrique, où sa place était si bien marquée, et où elle repose aux pieds de la Madone, entre l'épée du duc de Malakoff, celle du brave Yusuf, et le bâton de Lamoricière.

Elle est encadrée dans un cercle d'or sur lequel ceux qui viennent visiter Notre-Dame d'Afrique peuvent lire ces paroles :

*Médaille de la Très Sainte Vierge que le maréchal Bugeaud a portée sur sa poitrine pendant toutes les guerres d'Afrique et qu'il avait encore à son heure dernière.*

*Sa pieuse fille, M<sup>me</sup> la comtesse Feray d'Isly, des mains de laquelle il l'avait reçue et qui l'a reprise après sa mort, l'a donnée au sanctuaire de Notre-Dame d'Afrique.*

Alger, MDCCCLXXVI

Le général de Wimpffen quoique peu favorablement disposé pour la religion était en excellents termes avec Mgr Lavigerie ; mais avec le général de Sonis les rapports furent plus affectueux et plus cordiaux, parce qu'ils étaient plus chrétiens.

« Mgr Lavigerie, si éminemment apostolique, raconte son historien, lui paraissait prédestiné à l'œuvre d'un apostolat dont lui-même eût été l'humble, mais dévoué auxiliaire. « J'attends prochainement la « visite de Monseigneur, disait-il au printemps de « 1867, j'espère que Sa Grandeur établira ici quelque « œuvre pour la conversion des musulmans. L'heure « me paraît venue et l'occasion favorable. Pour si « peu que mes efforts puissent être associés à cette

« œuvre, ce me sera une grande consolation que d'y
« travailler. »

« Le grand évêque, de son côté, honorait et estimait
beaucoup le grand soldat. Il nous fait l'honneur de
nous en écrire en ces termes : « J'ai connu, aimé,
« admiré notre saint général, mais j'ai dû restreindre
« au strict nécessaire pour ne pas le compromettre.
« C'était l'époque de mon conflit aigu avec le maré-
« chal de Mac-Mahon, et M. de Sonis, chargé des
« affaires indigènes, se trouvait sous les ordres directs
« du colonel Gresley, depuis général et ministre de
« la guerre. Etant ce qu'il était, Gresley détestait le
« commandant supérieur de Laghouat ; il me détes-
« tait naturellement plus encore, et pour éviter les
« surprises et les représailles, j'avais demandé à
« M. de Sonis de ne pas m'écrire, le secret des lettres
« n'existant pas pour le Sud. Mais nous nous voyions
« très intimement lorsqu'il venait à Alger. Il parta-
« geait ma foi dans la mission auprès des indigènes
« musulmans et des païens de l'intérieur ; il encou-
« rageait mes espérances. Je l'ai vu un jour fondre
« en larmes en entendant nos orphelins de la famine
« chanter l'*Ave maris Stella*. »

Le général Wolff fut particulièrement favorable
aux entreprises de l'archevêque ; ce fut lui qui lança
l'idée de la construction de l'hôpital des Atafs, dont
nous avons raconté plus haut la cérémonie d'inauguration.

« C'est un territoire tout indiqué, disait-il en parlant
du village de Saint-Cyprien, les Arabes s'y regardent

comme chez eux. Ils sont au milieu des leurs, on les y reçoit bien, ils y viennent avec plaisir. Il faut y faire un hôpital ; ce sera une œuvre chrétienne, mais en même temps une œuvre d'heureuse politique. »

Mgr Lavigerie accepta, on le pense bien, l'idée avec enthousiasme, et il offrit le terrain nécessaire pour la construction. Mais il fallait de l'argent. Le général Wolff fournit 38.000 fr. venant d'une souscription faite, lors du voyage de l'empereur pour un établissement de bienfaisance en faveur des indigènes. La charité catholique sollicitée par l'archevêque pourvut au reste.

La vie du général Chanzy était liée tout entière à l'histoire de l'Afrique. Il y était venu simple sous-lieutenant à son début. De degré en degré, à force de valeur, de travail, d'habileté, de patriotisme, il était parvenu au sommet de la hiérarchie. Aussi l'archevêque, qui l'avait connu en Syrie, à Rome, à Alger, entretenait-il avec lui les plus affectueuses relations. « Je me suis trouvé, disait-il à sa mort, associé à ses joies les plus pures et à ses plus amères douleurs. Aussi ai-je pu connaître ce que son âme renfermait de sentiments élévés, généreux et vraiment chrétiens. »

Il en fut de même pour l'amiral de Gueydon, dont il racontait un jour le trait suivant : « L'amiral avait gardé au fond du cœur sa foi de Breton. Mais, il ne faut rien taire, il ne la pratiquait pas au dehors. Il en parlait néanmoins, et il ne manquait jamais de dire qu'un peuple sans foi touche à sa fin. Il le disait avec tristesse en pensant à la France qui la perd, et quelquefois avec colère en pensant à ceux qui travaillent à l'enlever partout aux peuples : « Et vous, cher « amiral, lui disais-je en souriant, où en êtes-vous, « avec d'aussi belles théories ?

« — Moi, me dit-il un jour, avec ce sens pratique « dont j'ai déjà parlé, je ne comprends pas, il est vrai, « la manière dont s'est faite la création et on pourrait « m'embrouiller là-dessus ; mais, en qualité de vieux « marin, je sais vous dire qu'un navire sans pilote ne « tarde pas à sombrer, et que, s'il n'y a pas un pi- « lote pour guider tout ça, ajoutait-il avec un geste « qui embrassait le monde, il y a longtemps que tout « ça aurait sombré.

« — C'est un commencement, ajoutai-je, mais « avec un esprit logique comme le vôtre, il faut « aller jusqu'au bout.

« — Jusqu'au bout ? J'irai, soyez-en sûr. Je veux « mourir en homme digne de ce nom, et reconnaître « avant de partir que j'ai des comptes à revoir devant « Celui qui m'a mis ici-bas. Si vous êtes près de « moi, je vous appelerai pour m'y envoyer. »

« Je n'y étais pas, comme vous le savez, Monseigneur ; mais ce que vous savez aussi, c'est que fidèle, honnête et vrai, comme il l'était au superlatif, il ne disait alors que ce qu'il voulait faire ; et, en effet, à peine s'est-il senti gravement frappé, il y a bientôt un an, qu'il a voulu remplir ses derniers devoirs de chrétien, et, ce qui m'a touché jusqu'aux larmes, après les avoir accomplis, il a voulu que j'en fusse le premier informé. Je conserve avec respect et je viens de relire la lettre touchante que sa noble et digne compagne m'a écrite alors, sous sa dictée. »


## IV


Dans une circonstance solennelle, l'archevêque eut l'occasion de faire connaître les sentiments qui l'animaient à l'égard de l'armée française, de l'armée d'Afrique surtout, de ses chefs, de ses soldats, de ses souvenirs, de ses gloires. L'aumônerie militaire avait été rétablie ; dans son diocèse, le service devait être inauguré le dimanche 2 mai 1875. Le 25 avril, dans sa cathédrale, devant les aumôniers militaires désignés, en présence de tous les représentants supérieurs du gouvernement, il prononça un magnifique discours sur l'armée, et la mission de la France en Afrique. « Bossuet ne l'eût pas désavoué, » disait un journaliste. Et, vraiment, de l'avis des gens compétents, jamais Mgr Lavigerie ne s'éleva plus haut, jamais il ne fut d'une éloquence plus saisissante : « La France se réveille, disait le prélat, au bruit des canons d'Alger. Elle sent qu'elle cesserait d'être elle-même, si elle ne vengeait un tel outrage. Le vieux roi Charles X déclare aux représentants de la nation qu'il ne saurait le laisser impuni. En un instant, l'ardeur guerrière si longtemps comprimée se manifeste de toutes parts.

« On voit des officiers, des généraux même, solliciter de faire, comme simples soldats, la campagne d'Afrique. L'enthousiasme éclate surtout dans les provinces méridionales, victimes séculaires de la piraterie mulsumane. Ce fut au son des cloches, avec l'accompagnement des chants sacrés et des bénédictions de l'Eglise, aux acclamations d'un peuple qui mêlait les ardeurs de sa foi au souvenir de ses souffrances, que l'armée, conduite par Bourmont, monta sur la flotte qui lui était préparée; et lorsqu'un descendant de saint Louis, l'héritier même du trône, vint traverser à Toulon les longues lignes des vaisseaux, où les soldats de la France juraient d'être dignes de leurs pères, où les matelots sur leurs vergues faisaient monter jusqu'aux cieux l'antique cri de guerre de la patrie, il sembla aux témoins de cette scène sublime qu'un souffle des croisades vînt soulever nos drapeaux.

« C'est ainsi que notre flotte prend sa route au milieu des sympathies ardentes de tous les pays chrétiens qu'elle laisse derrière elle. L'Espagne, l'Italie, les îles de la Méditerranée, se rappelant leurs villes incendiées, leur commerce ruiné, les morts tombés sous les coups des barbares, les esclaves sans nombre, hommes, femmes, enfants, arrachés violemment de leurs rivages et gémissant encore dans les bagnes, unissent leurs vœux pour son triomphe, et notre armée s'avance, soutenue dans son entreprise vengeresse, par les bénédictions du présent et les longues malédictions du passé...

« Déjà tout se prépare pour l'attaque. La presqu'île

de Sidi-Ferruch est occupée. Une redoute, qui s'appuie de chaque côté sur la mer, défend le camp français contre les surprises. L'ennemi se masse à notre vue sur les collines de Staouéli. Il réunit bientôt, autour de ses drapeaux sans nombre, cinquante mille combattants. Le lieutenant du bey d'Alger, celui du bey d'Oran, le bey de Constantine en personne commandent cette armée, où des nuées de cavaliers indigènes appuient la milice turque. Les nôtres brûlent de se mesurer avec l'ennemi. Mais le sage comte de Bourmont ne veut rien laisser au hasard. Il retient l'impatience universelle. Lui-même, établi sur une élévation qui domine la mer, près des ruines d'une vieille tour bâtie par les Espagnols à l'époque de leur domination passagère, procède aux premiers préparatifs.

« Enfin, après cinq jours d'attente, le 19 juin se lève, et avec lui l'aurore de nos victoires.

« Au signal parti de leur camp, les troupes barbares s'ébranlent et s'avancent avec des cris contre les redoutes que garde notre armée. Berthézène, Laverdo, des Cars, qui commandent nos divisions, sont à la tête de leurs troupes, sous les yeux de Bourmont. Lahite et Valazé les appuient. Un vieux général de l'empire, Porret de Morvan, occupe le poste de péril avec toutes les ardeurs de la jeunesse.

« Vous étiez là, attendant de donner vos premiers coups, obscurs encore, mais portant déjà vos victoires dans la mâle fierté de vos regards, capitaines futurs des grandes guerres de ce siècle : Lamoricière, Changarnier, Duvivier, Damrémont, qui deviez attacher vos noms à nos batailles africaines ; Pélissier, vainqueur de Sébastopol ; Mac-Mahon, soldat intrépide de Malakoff et de Magenta ; Baraguey d'Illiers, Vaillant, Forey, Magnan, Chabaud-Latour ; et vous brave Dumesnil, qui deviez écrire cette noble histoire, et vous, digne fils des croisés, Quatrebarbes, qui deviez demander à la France, dans ses assises solennelles, de terminer par la croix cette conquête commencée par l'épée, et subir à Ancône une défaite plus noble que les plus nobles victoires.

« La bataille est engagée. Nos soldats ont vu, pour la première fois, accourir, en rangs confus, du fond de la plaine, à travers les broussailles et les hauts aloès, ces cavaliers arabes que nous devions trouver devant nous durant vingt années. Leurs longs vêtements blancs soulevés par la course, semblant voler au-dessus des obstacles, rapides comme l'aigle, brandissant leurs longs fusils, ils se précipitent, arrivent à notre portée, s'arrêtent soudain, tirent et s'enfuient pour recharger et revenir encore. C'est un immense tourbillon où hommes et chevaux partagent la même furie et se communiquent leurs passions : « Il s'élance, « disait Job en parlant du cheval de l'Arabie, il « s'élance dévorant l'espace, dès que retentit le bruit « des armes. Il entend le signal du combat et il dit : « Vah ! De loin, il sent l'odeur des batailles, il com- « prend les excitations des chefs, les clameurs de « l'armée. »

« Tel le peignait, il y a cinq mille ans, l'écrivain

sacré, tel nos soldats le voient sous leurs yeux, comme une apparition de cet Orient, immobile jusque dans ses ardeurs.

« L'armée doit lutter contre un adversaire plus redoutable : c'est la milice turque, qui, depuis trois siècles, fait trembler les populations de la Régence. Elle nous aborde avec une énergie farouche, et l'assurance d'une vieille troupe qu'animent la rage religieuse et la conscience de n'avoir jamais subi de défaite. Le choc est terrible. Un moment, une de nos ailes est ébranlée ; mais les chefs ramènent leurs soldats. On voit l'intrépide Mounier entraînant les siens, lutter seul avec quelques braves, contre une multitude d'ennemis qui l'entourent ; un mouvement offensif le délivre. Partout le combat est engagé. Nos vaisseaux, qui se sont approchés du rivage appuient l'armée du tir de leurs canons et portent le désordre dans les rangs ennemis. Enfin, un cri, un cri terrible, ce cri de l'infanterie française qui fait trembler les champs de bataille, sort à la fois de toutes les poitrines : « En avant ! à la baïonnette ! En avant ! »

« C'est fait ! le torrent vainqueur se précipite. Tout ce qui résiste est renversé. Les cavaliers arabes se dispersent aux quatre vents du ciel pour annoncer à leurs montagnes qu'elles vont recevoir de nouveaux maîtres. Les Turcs seuls tiennent encore et se font tuer avec courage ; mais ils sont désormais trop peu pour notre nombre, nos soldats les écrasent. Ce n'est plus qu'une déroute. Ils ne s'arrêteront que sous les

murs d'Alger et les nôtres franchissent, en les pour-
suivant, les deux lieues qui les séparent du camp de
Staouéli dont ils s'emparent, et où ils couchent sous
les tentes de l'ennemi.

« Collines de Staouéli, vous avez été les témoins
de leur victoire, vous avez entendu leurs cris de
triomphe et les premiers accents de cette langue qui
était celle de la France et qui vous annonçait l'avène-
ment d'un monde nouveau. Vous les avez vus s'in-
cliner devant l'autel dressé sous vos palmiers antiques. C'est là qu'au nom de Dieu, de leur patrie, du
monde chrétien tout entier, ils prirent possession de
la terre qu'ils allaient conquérir. C'est là que le plus
grand de nos capitaines, le père de l'Algérie, a voulu
que la prière fixât sa demeure sanctifiée par la péni-
tence et par le travail, et fît monter sans cesse vers le
ciel, par les lèvres qui lui sont consacrées, un hymne
de reconnaissance ! Seigneur, que cette prière monte
jusqu'à votre cœur ! Qu'elle en fasse descendre vos
bénédictions sur notre France nouvelle ! Qu'elle
obtienne la rosée à ses champs, la fécondité à ses travaux, la vigueur aux bras de ses fils, la vertu et le
courage à leurs âmes ! Qu'elle inspire toujours au
vainqueur l'humanité et la justice ! Qu'elle donne au
vaincu l'intelligence des biens que lui assure sa
défaite. Qu'elle fasse de tous un seul peuple et que ce
peuple soit digne de vous !

« Après quelques autres combats, l'armée arrive
devant Alger :

« Elle est sous ses yeux, cette ville fameuse, où

tant de captifs, encore chargés de fers, n'attendent leur salut que de sa victoire. Le voilà, ce port où les pirates trouvaient leur refuge et où ils se partageaient les dépouilles sanglantes du monde chrétien ; dans la rade, la flotte française qui appuie nos troupes par sa présence ; au loin, du côté du soleil qui se lève, les riches plaines de la Mitidja ; sur toutes les collines, des maisons sans nombre, avec leurs jardins d'orangers et leurs terrasses orientales ; et sur les chemins qui bordent la mer, la population qui s'enfuit épouvantée ! L'armée salue de ses acclamations ce grand spectacle, qui lui promet enfin sa proie.

« Mais entre l'armée et la ville, vers le milieu de la montagne, dominé par nos soldats, commandant Alger, se dresse un dernier obstacle : un fort, dont le nom rappelle, comme pour augmenter la fierté légitime de notre triomphe, la défaite de Charles-Quint.

« Ses canons tirent sur nos troupes. Notre artillerie les réduit au silence. Bientôt ses murailles sont battues en brèche. Elles vont céder sous nos coups. Déjà nos soldats se préparent à l'assaut, lorsqu'une scène affreuse et sublime vient les frapper d'horreur et d'admiration. La garnison qui défend la forteresse sort en bon ordre, par une poterne, en emportant ses blessés. On voit un nègre rester seul, impassible sur les murs ébranlés, au milieu des boulets qui pleuvent de toutes parts. Il disparaît enfin, et, mettant le feu au magasin de poudres, s'ensevelit sous les ruines, qui vomissent au loin, comme un volcan, des flammes et des débris. Ce noir représentant des races africaines semblait renverser, devant le monde chrétien, les dernières barrières de la barbarie.

« Toute lutte est impossible désormais. Le dey, tremblant au fond de sa kasbah, doit subir la loi du vainqueur. Bientôt Bourmont se présente en maître dans ce palais où la France avait reçu l'outrage que nos mains venaient de venger.

« Alger est à nous, ou pour mieux dire, il est au monde civilisé. Ils la nommaient « la bien gardée ». Ils auraient pu apprendre de nos saints Livres qu'il n'y a de bien gardées que les villes gardées par Dieu. Au jour qu'il a marqué pour leur ruine, rien ne les défend plus : ni les tempêtes ne dispersent les flottes ennemies, ni les flots ne protègent les côtes inhospitalières, ni les remparts ne sont un sûr asile. Leurs pensées se confondent et l'antique courage qui veillait sur elles n'est plus que folie. Et Dieu s'est enfin lassé de tant de violences et de tant de crimes.

« Il a eu pitié d'une terre baignée de sang et de tant de larmes, consacrée par la foi de tant de martyrs ! Les voilà dans sa main, ces fiers pirates ! Il avaient dit dans leur orgueil :

« — Que nous importe la France ? »

« La France vient de leur répondre et de leur montrer son pouvoir.

« Mais, en nous donnant le triomphe, il semble que Dieu s'en montre jaloux.

« Le drapeau de la vieille monarchie qui a guidé nos soldats, tombe au lendemain du jour où il était

arboré sur les murs de la kasbah ; le vieux roi, qui a
préparé la conquête, prend la route de l'exil. Bourmont quitte Alger en fugitif, n'emportant avec lui,
sur une barque étrangère, que le cœur de son
fils..... »

# CHAPITRE VII



## I

JE considère quant à moi, disait récemment un membre du sénat français, que de tous les événements accomplis au courant de ce XIXᵉ siècle, le plus étonnant par la nouveauté et l'humanité profonde des moyens employés, le plus important par les conséquences incalculables qu'il entraînera à bref délai, c'est cette prise de possession pacifique du continent noir par les peuples civilisés. Jamais à aucune époque l'histoire ne marcha d'un tel pas.

Dans ce mouvement, le cardinal Lavigerie eut une

large part, c'est ce qu'il nous faut raconter maintenant.

En 1840, la société protestante des missions de Londres donnait à David Livingstone les fonds nécessaires pour un lointain voyage. Ame ardente et généreuse, enthousiaste et compatissante, Livingstone partait pour le Cap, s'y mariait, et s'en allait s'établir à 475 lieues en avant dans les terres, au milieu d'une peuplade appelée les Béchuanas. Touchés par les enseignements du pasteur protestant, les membres de cette tribu se convertissaient au christianisme. Plus tard c'était le pays des Makololos qui devenait le théâtre de son zèle récompensé par le succès.

Revenu au Cap, Livingstone s'aventurait en 1852 à entreprendre un troisième voyage qui allait faire sortir son nom de l'obscurité. Il se dirigeait vers le nord, retournait chez ses fidèles Makololos qui lui prêtaient aide et secours pour son expédition, et enfin il arrivait à Saint-Paul-de-Loanda sur la côte occidentale d'Afrique.

De là il repartait pour l'Angleterre. Un de ses Makololos avait voulu l'y accompagner. Sur l'Océan, il perdit la raison. Cette immense masse d'eau qui s'étendait sous son regard à perte de vue l'avait épouvanté.

« Quel pays est le vôtre, disait-il à Livingstone. De l'eau ! toujours de l'eau ! » Un jour, dans un moment de folie, il se précipita dans la mer.

En 1859, le célèbre voyageur partait pour explorer le bassin du Zambèze. La traite des noirs dont il fut témoin lui mit au cœur une immense pitié pour ces pauvres êtres humains dont on trafiquait d'une façon ignoble.

« Je n'ai besoin de rien pour moi, répondait-il noblement plus tard à un conseiller de la reine qui lui demandait ce qu'il désirait pour les services rendus ; mais si vous arrêtez le trafic que les Portugais font des esclaves, vous comblerez mes vœux au delà de toute mesure. »

Après avoir exploré les lacs Nyassa et Moero, découvert en 1871 le Zaïre ou Congo, un des plus grands fleuves du continent africain, Livingstone, que l'on croyait mort, était rejoint par Stanley, qui s'était mis à sa recherche. L'intrépide voyageur, après avoir passé trois mois avec Stanley, reprenait le cours de ses explorations. En janvier 1873, il était sur la rive occidentale du Tanganika ; mais bientôt crachant le sang et mourant de fatigue il rendait à Dieu son âme vaillante et ardente. Ses restes transportés en Angleterre reposent avec les grands hommes de la patrie dans la célèbre abbaye de Westminster. Son cœur est resté en Afrique inhumé sous un arbre.

La France compte aussi un de ses enfants parmi les hardis explorateurs du continent noir.

« Il y aurait là, mon cher ami, une jolie promenade à faire, » disait le commandant Duperré à un jeune enseigne, M. de Brazza-Savorgnan..., et il lui montrait les contrées presque encore vierges du Congo.

Le jeune homme prenait le mot au sérieux, avec la

permission de son chef il s'enfonçait dans le Congo,
accompagné de quelques hommes et, se rendant sympathique à Makoko, roi d'une tribu sauvage, il signait
avec lui un traité qui donnait à la France le protectorat de ses états.

Mgr Lavigerie avait étudié soigneusement et avait
suivi les mouvements des explorateurs vers le centre
de l'Afrique. Il voulait, comme eux, ouvrir ces immenses et riches contrées à la civilisation, propager
le plus possible la vraie foi, et donner à la France, sa
patrie, une place honorable parmi les puissances
colonisatrices.

« Un mouvement providentiel, surtout depuis la
seconde moitié de ce siècle, écrivait-il alors, dirige
vers le continent africain les regards et les efforts du
monde civilisé. Les missions en sont le terme voulu
de Dieu et le couronnement. Il suffit de jeter les yeux
sur une carte de l'Afrique, pour voir que toutes ses
côtes ont été successivement occupées et comme
assiégées, dans ces derniers temps, par les nations
de l'ancien monde et même du monde nouveau. Au
nord, la France a conquis une partie des provinces
barbaresques ; à l'ouest, elle s'est emparée du Sénégal. La Tunisie, la Tripolitaine, l'Egypte ont renoncé
à leur antique piraterie et ouvert leurs ports aux
vaisseaux de l'Europe. L'Amérique a établi sur les
côtes de l'Atlantique la république de Libéria. L'Angleterre a créé au sud la grande colonie du Cap. Les
Hollandais ont fondé les républiques d'Orange et du
Transvaal. Enfin les traités conclus entre le sultan

de Zanzibar et la Grande-Bretagne assurent aux Européens la liberté des transactions, depuis la terre de Natal, jusqu'à l'entrée de la mer Rouge.

« Pendant que les nations chrétiennes formaient, avec leurs flottes et leurs armées, le blocus des côtes africaines, l'Eglise y déployait ses légions pacifiques. Les fils de saint François sont dans la Tunisie, la Tripolitaine, l'Egypte, le pays des Gâllas ; ceux de saint Vincent de Paul dans l'Abyssinie ; les pères du Saint-Esprit et du Saint-Cœur-de-Marie, au Zanzibar, au Congo, dans la Sénégambie, au Sénégal ; les Missions africaines de Lyon sur les côtes meurtrières de la Guinée, au Cap, au Dahomey ; celles de Vérone établies par Mgr Comboni, dans les provinces récemment conquises au sud de l'Egypte ; les pères de la Compagnie de Jésus à Madagascar et au Zambèze ; les oblats de Marie à Natal ; le clergé d'Irlande et d'Angleterre dans la colonie du Cap ; celui du Portugal au Benguela ; celui d'Espagne au Maroc ; celui de France en Algérie. En un mot, aucun point des trois côtes que baignent la Méditerranée, l'océan Atlantique et l'océan Indien, n'échappe à ce siège immense que la miséricorde divine semble préparer pour mettre un terme à la malédiction de la pauvre race de Cham ; et on ne peut douter, à tous ces signes, que nous n'assistions à un de ces grands événements par lesquels la Providence change la face des nations.

« Mais si les rivages de l'Afrique sont tous occupés par les messagers de la bonne nouvelle, il n'en est pas de même de l'intérieur. C'est seulement depuis

vingt années que le voile qui couvrait ces régions a
été soulevé par des explorateurs dont les noms sont
sur toutes les lèvres... On s'est bientôt passionné
pour leurs découvertes, enthousiasmé pour leur courage, et cet entraînement de l'opinion s'est traduit
par des actes d'une portée décisive. » Mgr Lavigerie
faisait ici allusion à l'Association internationale pour
l'exploration de l'Afrique, fondée à Bruxelles en 1876,
sous le patronage du roi des Belges. Mais cette œuvre
ayant déclaré qu'elle ne s'occupait d'aucune religion,
et bornait ses efforts à la science, au commerce et à
l'industrie, il fallait que le catholicisme comblât cette
lacune importante.

L'archevêque d'Alger avait fait part de ses pensées
sur ce sujet au pape Pie IX. « Il comprit, dit-il, sans
peine l'importance de cette conquête, et comme on lui
représenta que les ministres protestants allaient se
mettre en route pour arriver les premiers et nous
fermer la porte : « Mais, se récria-t-il, c'est à la vérité
dont l'Eglise est dépositaire, et non à l'erreur, qu'a
été adressée la divine parole : « Allez et enseignez
toutes les nations. »

Cependant, avant de rien commencer, il consulta
les chefs de mission de l'Afrique, et en particulier
Mgr Lavigerie. Nous allons voir maintenant les résultats de cette enquête.

## II

« Et bien, mes enfants, vous êtes donc disposés à être de bons missionnaires ?

— Avec la grâce de Dieu, Très Saint Père, nous ferons tout ce qu'il demandera de nous.

— Ils sont prêts à tout, dit le cardinal, même au martyre, si c'est la volonté de Dieu, Très Saint Père, ce sont les prémices de la mission africaine ; à leur tour, ils vont partir pour l'intérieur de l'Afrique, cherchant à atteindre le centre. Bénissez-les, pour qu'ils aient le courage de souffrir, s'il le faut, pour leur foi, de donner leur tête pour elle.

— Leur tête...! dit le Saint-Père, dans notre temps il ne faut pas que la tête tienne aux épaules, si l'on veut faire la volonté de Dieu. La mienne, mes enfants, est aussi exposée que la vôtre dans la mission d'Afrique, même davantage, car, c'est à l'Eglise qu'ils en veulent, et par conséquent à moi, qui en suis le chef. »

Pie IX se rappela cette circonstance, lorsqu'il cherchait des hommes de dévouement pour conquérir l'Afrique à Jésus-Christ, et il se tourna vers les Pères Blancs.

Les missionnaires accueillirent avec enthousiasme cette marque de confiance que leur donnait le Pape. Déjà trois de leurs frères avaient répandu leur sang pour la cause de la civilisation chrétienne dans le Sahara, sur la route de Tombouctou. Mais ce souvenir, loin de les décourager, n'excitait qu'une émulation nouvelle et une sainte jalousie.

Les missionnaires d'Alger écrivaient donc au Pape qu'ils étaient prêts à se dévouer pour le salut des habitants de l'Afrique équatoriale. Les messagers interprètes de leurs sentiments de générosité arrivèrent à Rome en janvier 1878. Mais Pie IX mourut au moment où il allait signer le décret préparé par la Propagande. Cependant l'affaire ne traîna pas en longueur. Quatre jours après son élection, Léon XIII donnait suite aux projets de Pix IX. Quatre centres de missions étaient assignés aux Pères Blancs : Le lac de Nyanza, le lac Tanganyka, Kabébé, capitale des Etats Muata-Yamvo, et l'extrémité nord du cours du Congo.

Avant le départ des missionnaires, Mgr Lavigerie écrivait au ministre des affaires étrangères. « Evêque français de l'Afrique, disait-il, je n'ai pas cru pouvoir rester indifférent à une œuvre si considérable de civilisation, qui intéresse également l'humanité, la science et la religion. J'ai pensé qu'il serait avantageux pour la France d'être représentée dans ces vastes régions encore mystérieuses, non pas seulement par des pionniers isolés, commes les autres peuples, mais par une corporation qui pourra donner à son action civilisatrice et scientifique la suite, la durée, l'étendue, qui seules la rendent puissante.

« Dix prêtres de la société des missionnaires, dont

je suis le supérieur, se préparent à partir très prochainement en avant-garde pour Zanzibar. Ils sont
choisis à tous les points de vue pour ce lointain et
périlleux ministère. Ils sont tous jeunes, tous intelli-
gents, tous acclimatés en Afrique, et d'un dévouement à toute épreuve. »

Les missionnaires désignés étaient : pour la
mission du Nyanza, les RR. PP. Livinhac, du diocèse de Rodez ; Girault, du diocèse d'Angers ; Lourdel, du diocèse d'Arras ; Barbot, du diocèse de
Bayeux, et le frère Amance, du diocèse de Rodez ;
pour la mission du Tanganika, les RR. PP. Pascal,
du diocèse de Viviers; Deniaud, du diocèse de Nantes;
Dromaux, du diocèse de Cambrai; Delaunay, du diocèse d'Angers, Augier, du diocèse de Belley. — « Je
n'écris ces noms qu'avec respect, ajoutait plus tard
Mgr Lavigerie, comme on écrivait dans les premiers
temps de l'Eglise ceux des confesseurs et des martyrs.
Si un seul d'entre eux a succombé dans ce voyage,
tous ont souffert pour Notre-Seigneur ce que souffrent les martyrs : la maladie, la faim, les angoisses,
les embûches ; et l'on peut bien dire, de chacun d'eux,
ce que la sainteEglise dit de l'un des saints de nòtre
France : *Quem etsi gladius persecutoris non abstulit,
palmam tamen martyrii non amisit.* »

La première caravane partit le 25 mars 1878. « Nous
voilà donc en route pour notre mission, écrivaient
les missionnaires, une vie nouvelle commence. C'est
l'apostolat tel que l'ont connu les apôtres. Malgré
notre insuffisance et notre indignité, nous sommes les

premiers qui, depuis l'origine du christianisme, allons représenter Notre-Seigneur et son Eglise dans ce monde barbare, et encore à peu près inconnu de l'Afrique intérieure. Devant nous, cent et peut-être deux cents millions d'âmes nous tendent invisiblement les bras. »

« Une autre pensée, disaient-ils encore, se mêle à celle de la foi, la pensée de la France, notre chère patrie, de tous ceux que nous y avons connus et aimés. Combien d'entre nous qui ne la reverront pas, cette France qui nous est d'autant plus chère qu'elle est plus malheureuse, et que nous en sommes séparés. C'est pour elle aussi que nous allons travailler. Nous sommes les premiers Français qui, envoyés par notre évêque, Français comme nous, allons porter sa langue et son influence dans les profondeurs africaines.

« L'Angleterre, l'Amérique, l'Allemagne l'ont précédée, elle ne pouvait manquer plus longtemps à ce grand rendez-vous de l'humanité et de la civilisation. Nous voici pour tenir sa place. Nous lui sacrifions par avance tout ce qui nous est cher et nos vies mêmes. Si nous y périssons, qu'elle se souvienne seulement que dix de ses enfants, de ses prêtres, sont morts obscurément en pensant à elle et en l'aimant jusqu'à la fin. »

Reçus à Zanzibar par les missionnaires du Saint-Esprit, ils écrivaient ces paroles ardentes en pensant à leur apostolat futur : « Nous sentons le souffle de Dieu qui nous enflamme, nous croyons voir nos anges gardiens qui s'apprêtent à nous couvrir et nous servir de guides. Au nom de Dieu, en avant ! »

Le 18 juin, les missionnaires se divisaient en trois colonnes et se dirigeaient vers le Tanganika et l'Ouganda. Le voyage devait durer pour les ouvriers de la première mission huit mois, et pour les autres un an entier. Et, au milieu de ces contrées inconnues, que de dangers avant d'arriver à la terre promise.

En route, la première caravane perdit l'un de ses membres les plus distingués, le P. Joachim Pascal, supérieur de la mission du Tanganika : il avait été saisi par la fièvre tropicale. Cette fièvre commence par un mal de tête violent suivi d'un froid intense et d'un épuisement général.

« Son agonie a été douce, écrivait l'archevêque d'Alger à sa pauvre mère ; étendu sur sa natte sous sa tente de voyage, il paraissait prêt à s'endormir. Il s'endormit en effet, du sommeil de la paix, avec le calme et la joie d'un saint, donnant sa vie avec des transports admirables de charité, pour cette mission qu'il avait tant désirée. C'est dans le lieu même où il était mort que furent faites pour votre fils les prières des funérailles. Tous les missionnaires étaient réunis au nombre de neuf. C'est aussi là que fut offert le saint Sacrifice pour le premier apôtre, et j'oserai dire pour ce premier martyr de l'Afrique équatoriale. »

Les compagnons du P. Pascal parvinrent au Tanganka dix mois après leur départ d'Alger ; et les autres sur les bords du Nyanza un an, deux mois et vingt-cinq jours après leur départ d'Alger.

Les deux caravanes comprenaient cinq cents nègres porteurs de ballots, et soldats noirs ou askaris pour les protéger. Ce n'était pas une petite affaire que de gouverner pendant de longs mois cette troupe indisciplinée au milieu de pays inconnus.

Les missions que les vaillants apôtres venaient fonder, au centre de l'Afrique, rencontraient des difficultés spéciales, qu'ils firent connaître à Mgr Lavigerie.

La première venait du climat, mortel pour beaucoup d'Européens, à cause des miasmes qu'exhale la terre humide, échauffée par un soleil brûlant. La moindre imprudence ou fatigue cause facilement la fièvre, qui bientôt amène la mort. C'est une terrible maladie que la fièvre de l'Afrique équatoriale ; elle prend presque immédiatement un caractère effrayant. Elle commence, ainsi que nous venons de le dire, par un mal de tête violent, suivi de froid intense et de courbature générale. Le délire ne tarde pas à suivre, surtout lorsque le malade est au repos, et presque toutes les nuits se passent en visions morbides de la plus invraisemblable extravagance. Les remèdes ont raison des premières atteintes, mais la médication affaiblit beaucoup (1). Cependant, sur les bords du lac Tanganika, le climat est plus salubre. La seconde difficulté venait du manque de ressources. « En trois années, écrivait Mgr Lavigerie, nous avons dépensé plus de 850.000 francs ; et il n'y a encore rien de fait

(1) Cf. *A l'assaut des pays nègres*, p. 85.

pour ainsi dire, sinon que nous sommes arrivés et fixés sur le sol. » Les protestants, au contraire, pouvaient disposer, pour leur œuvre d'évangélisation, de cinq millions que leur attribuait la société évangélique de Londres. Enfin, un obstacle auquel venait se heurter le zèle des missionnaires, c'était l'indifférence religieuse des peuplades nègres.

Au Tanganika, dans la ville principale, Oujiji, se pratique d'une façon épouvantable la traite des nègres. Ecoutons le Père Déniaud, nous racontant comment se fait cet odieux trafic : « Les villages paisibles des nègres de l'intérieur sont cernés tout d'un coup par ces féroces aventuriers. Presque jamais les nègres, qui n'ont pas d'armes à feu, ne se défendent, ou ceux qui le font sont bientôt massacrés par des hommes armés jusqu'aux dents. Ces malheureux fuient dans les ténèbres, mais tout ce qui est pris est immédiatement enchaîné et entraîné, hommes, femmes et enfants, vers un marché de l'intérieur. On les amène de contrées situées à soixante, quatre-vingts et cent jours de marche.

« Alors commence pour eux une série d'ineffables misères. Tous les esclaves sont à pied ; aux hommes qui paraissent les plus forts et dont on pourrait craindre une révolte, on attache les mains et quelquefois les pieds, de telle sorte que la marche leur devient un supplice, et, sur leur cou, on place des cangues à compartiments, qui en relient plusieurs entre eux.

« On marche toute la journée. Le soir, lorsqu'on

s'arrête pour prendre du repos, on distribue aux prisonniers quelques poignées de sorgho cru. C'est toute leur nourriture. Le lendemain il faut repartir.

« Mais, dès les premiers jours, les fatigues, la douleur, les privations en ont affaibli un certain nombre. Les femmes, les vieillards s'arrêtent les premiers. Alors, afin de frapper d'épouvante ce malheureux troupeau humain, ses conducteurs s'approchent de ceux qui paraissent plus épuisés, armés d'une barre de bois pour épargner la poudre. Ils en assènent un coup terrible sur la nuque des infortunées victimes. Elles poussent un cri et tombent en se tordant dans les convulsions de la mort.

« Le troupeau terrifié se remet en marche. L'épouvante a donné des forces aux plus faibles. Chaque fois que quelqu'un s'arrête, le même affreux spectacle recommence.

« Le soir, en arrivant au lieu de la halte, lorsque les premiers jours d'une telle vie ont exercé leur influence délétère, un spectacle non moins horrible les attend. Ces marchands d'hommes ont acquis l'expérience de ce que peuvent supporter leurs victimes. Un coup d'œil leur apprend quels sont ceux qui bientôt succomberont à la fatigue. Alors, pour épargner d'autant la maigre nourriture qu'ils distribuent, ils passent avec leur barre derrière ces malheureux et d'un coup les abattent. Leur cadavre reste où ils sont tombés, lorsqu'on ne les suspend pas aux branches des arbres voisins, et c'est près d'eux que leurs compagnons sont obligés de manger et de dormir.

« Mais quel sommeil ! On peut le deviner sans peine. Parmi les jeunes nègres arrachés par nous à cet enfer et rendus à la liberté, il y en a qui se réveillent chaque nuit, pendant longtemps encore, en poussant des cris affreux. Ils rêvaient, dans des cauchemars sanglants, les scènes abominables dont ils ont été témoins.

« C'est ainsi que l'on marche, quelquefois pendant des mois entiers, quand l'expédition a été lointaine. La caravane diminue chaque jour. Si, poussés par les maux extrêmes qu'ils endurent, quelques-uns tentent de se révolter ou de fuir, leurs maîtres féroces, pour se venger d'eux, leur tranchent les muscles des bras et des jambes à coup de sabre ou de couteau, et les abandonnent ainsi le long de la route, attachés l'un à l'autre par leur cangue, et ils meurent lentement de faim et de désespoir. Aussi a-t-on pu dire, avec vérité, que, si on perdait la route qui conduit de l'Afrique équatoriale aux villes où se vendent les esclaves, on pourrait la retrouver aisément par les ossements des nègres dont elle est bordée.

« On calcule que, chaque année, *quatre cent mille* nègres sont les victimes de ce fléau.

« Enfin, on arrive sur le marché où on conduit ce qui reste de ces infortunés après un tel voyage. Souvent c'est le tiers, le quart, quelquefois moins encore, de ce qui a été capturé au départ.

« Là commencent des scènes d'une autre nature, mais non moins odieuses.

« Les nègres captifs sont exposés en vente comme

un bétail ; on inspecte tour à tour leurs pieds, leurs mains, leurs dents, tous les membres de leur corps, pour s'assurer des services que l'on peut en attendre. On discute leur prix devant eux comme celui d'une bête de somme, et quand le prix est réglé, ils appartiennent corps et âme à celui qui les paye. Rien n'est plus respecté ; ni les liens du sang, car on sépare sans pitié le père, la mère, les enfants, malgré leurs cris et leurs larmes ; ni la conscience, car ils doivent embraser sur-le-champ la religion du musulman qui les achète ; ni la pudeur même, car ils doivent se soumettre aux plus honteuses exigences. Enfin, leur vie est à la discrétion de ceux qui les possèdent. Nul n'est tenu, dans l'Afrique centrale, de rendre compte de la mort de ses esclaves. »

## III

Cependant Mgr Lavigerie recevait de bonnes nouvelles de ses missionnaires : « Nous n'avons qu'à remercier Dieu, écrivait le P. Livinhac, de la protection qu'il nous a accordée jusqu'à ce jour. Nous avons traversé impunément tous les périls, et nos santés, après avoir souffert, se sont remises. » Il demandait de nouveaux confrères. Mgr Lavigerie répondit à son appel.

La cérémonie du départ fut très touchante. L'archevêque monta en chaire, et devant son chapitre, son clergé, le séminaire de la mission, les novices, et plusieurs milliers de fidèles, il adressa ses adieux aux nouveaux missionnaires. Il évoquait d'abord les souvenirs de l'Eglise primitive : Paul exhortant les fidèles d'Asie venus pour lui témoigner leur sympathie et leur affection au moment de son départ; les chrétiens de la ville de Rome se prosternant aux pieds des confesseurs la veille du jour où ils allaient consommer leur sanglant sacrifice. Puis il rappelait que le monde entier avait entendu la bonne nouvelle. Seules les contrées barbares de l'Afrique étaient restées en dehors de l'action apostolique. Une première caravane était partie, s'était enfoncée dans les plaines brûlantes, avait franchi les montagnes inhospitalières. Une seconde caravane allait suivre la première, n'ayant d'autre ambition que de porter la vie dans cet empire de la mort : « Allez donc, mes chers fils, disait-il, annoncer la délivrance à ces peuples nouveaux. Dites-leur que ce Jésus, dont vous leur montrerez la croix, est mort entre ses bras pour porter toutes les libertés au monde, la liberté des âmes contre le joug du mal, la liberté des peuples contre le joug de la tyrannie, la liberté des consciences contre les persécuteurs, la liberté du corps contre le joug de l'esclavage !

« Il est raconté, dans les Actes des martyrs, qu'un pontife, courbé sous le poids des ans, marchait généreusement au supplice, et que Laurent, son diacre, le suivait au milieu des bourreaux en lui disant avec larmes : « Où allez-vous, mon Père, sans votre fils?

« Où allez-vous, ô pontife, sans votre diacre? Est-ce

« que vous ne m'avez pas accoutumé de m'avoir pour
« ministre du sacrifice ? »

« Hélas ! vous n'entendrez rien de semblable, mes
très chers frères. Je reste attaché au rivage tandis que
mes fils vont affronter les tempêtes. Je ne leur donne
que ces froides paroles, et ce sont eux, par un renver-
sement dont je m'humilie, qui me donnent l'exemple
de leur intrépide vertu.

« Où allez-vous, mes enfants, sans votre Père ? Où
allez-vous, prêtres, sans votre pontife ? Vous offrirez
le sacrifice, et seul le sacrificateur manquera à l'autel
où votre sang viendra se mêler au sang de l'Agneau.

« Dieu ne m'a pas trouvé digne d'un tel honneur.
Il a considéré les générosités de votre vie. Il a vu les
langueurs de ma longue carrière, chargée et comme
écrasée du poids de si redoutables devoirs, et son
jugement nous a séparés.

« Du moins, tant qu'il me laissera sur la terre, je
veillerai, de loin, sur vous, pour vous procurer, sans
reculer devant les amertumes que vous connaissez,
le pain de chaque jour. »

Au moment des adieux, le vénérable archevêque se
mit à genoux devant ses missionnaires pour baiser
leurs pieds. Les témoins de cette scène versaient des
larmes d'attendrissement.

Hélas ! un an à peine s'était écoulé, et Dieu avait
appelé à la récompense huit des nouveaux apôtres. La
fièvre africaine avait fait son œuvre et précipité dans
la tombe tant de jeunesse, de sainte ardeur, de pureté
et de foi. Les épreuves des membres de cette seconde

caravane ne firent qu'enflammer les cœurs de leurs frères. L'archevêque était obligé de modérer leur soif de dévouement et de sacrifice.

Quinze missionnaires vinrent renforcer la troupe apostolique. Ils partirent le 6 novembre 1880. Un an après, un nouveau deuil vint frapper la mission naissante du Tanganika. Trois missionnaires étaient massacrés par les nègres. Mgr Lavigerie écrivit à cette occasion aux parents du P. Deniaud l'une des victimes : « Une dépêche télégraphique de Zanzibar nous apporte aujourd'hui même la confirmation de bruits alarmants qui couraient déjà depuis quelques semaines. Votre cher fils n'est plus ; avec deux de ses collègues, le P. Auger, du diocèse de Belley, et un auxiliaire de la mission, M. d'Hoop, du diocèse de Bruges, il a donné sa vie pour Dieu et pour ses frères.

« Cette mort sanglante qui vient arrêter sa course à peine commencée, il l'avait prévue, il l'avait désirée comme la récompense de ses travaux et la marque suprême de son dévouement pour les pauvres noirs. Nous ne savons pas encore les détails de cet événement funeste ; nous ne le connaissons que par quelques lignes du télégraphe, qui ne nommaient même pas d'abord ceux dont le sang a coulé avec le sien. Nous savons seulement qu'il a été mis à mort par ces pauvres barbares auxquels il allait porter la foi.

« Ils sont donc tout ensemble les martyrs de leur foi et les martyrs de la charité fraternelle. Si nous ignorons, d'ailleurs, jusqu'ici les circonstances précises de leur fin glorieuse, nous connaissons les sentiments qui les ont menés au-devant d'elle ; nous connaissons en particulier ceux de votre fils.

« Heureux père, heureuse mère d'un tel fils ! Heureux de lui avoir inspiré des sentiments si sublimes, de l'avoir formé à de telles vertus, de lui avoir préparé une telle mort. Car que sont quelques jours de plus sur une terre comme la nôtre ? Et il vivra éternellement désormais, dans un monde où l'on ignore les tristesses d'ici-bas. »

## IV

Quels furent les résultats obtenus dans ces missions de l'Afrique équatoriale ?

Tandis que les missionnaires du Tanganika se fixaient dans l'Ouroundi, le père Livinhac avec les autres pères s'établissait au lac Nyanza dans le royaume de l'Ouganda. Le roi qui gouvernait alors ce pays s'appelait Mtésa. Ce prince, disait Stanley, était digne de toutes les sympathies de l'Europe.

Les prédicants anglais résidaient dans la contrée depuis quelque temps. Le père Lourdel, qui avait été envoyé pour disposer favorablement le monarque à l'égard des missionnaires, demanda à M. Mackay, leur chef, de lui servir d'interprète auprès de sa majesté noire. Le ministre protestant se conduisit dans cette occasion avec une mauvaise foi insigne. Il présenta les catholiques français comme de méchantes gens qui adoraient les idoles et empoisonnaient les rois. « Je ne répond de rien, disait-il à Mtésa, si tu les laisses s'établir dans ton puissant royaume. » Indigné d'une telle audace, le P. Lourdel fit taire M. Mackay en lui disant : « Je ne sais pas la langue aussi bien que vous, mais si vous n'avez que des mensonges à débiter, je me passerai d'interprète et m'expliquerai moi-même comme je pourrai. »

Mtéça déclara alors que son royaume était ouvert aux Français, ministres de l'Evangile. Mackay furieux menaça le roi d'abandonner l'Ouganda avec tous ses compatriotes : « Pars, si tu veux, lui dit le roi, mais les blancs annoncés viendront. »

Comme preuve de ses bonnes dispositions, Mtéça envoya une flottille de trente-cinq pirogues pour prendre les missionnaires à Kageyé, au sud du lac. Ils arrivèrent enfin à Roubaga, la capitale. Stanley nous a fait une superbe description du pays : « De la case du roi, écrit-il, la vue est splendide et digne des regards d'un monarque. De tous côtés ondule en grandes vagues une terre voluptueuse, inondée de soleil, terre féconde, parée de la verdure des premiers jours d'été, rafraîchie par les brises du lac. Des mamelons, des cônes détachés, des masses tubulaires, surgissent de ce riant et mystérieux paysage. Sur des crêtes lointaines des villages semés parmi des bananeraies accusent une population nombreuse et aisée. De sombres lignes sinueuses tracent le cours de ravins boisés, des tapis herbus marquent les pâturages. De larges dépressions laissent deviner des jardins et des champs. Puis, toute cette beauté d'ensemble va se fondre au loin dans le tableau d'un horizon sans limites. »

L'accueil du roi fut sympathique. Mgr Lavigerie avait chargé ses missionnaires de présents européens qui devaient être magnifiques aux yeux d'une majesté barbare. Il avait fait visiter, à Paris, le marché du Temple, au moment du départ de la caravane, et acheter les dépouilles de nos grandeurs déchues. Habits de sénateurs et de ministres, neufs encore ou peu s'en faut, eurent un succès merveilleux sous l'Equateur, où en fait de costume on se contente de peu.

Mtéça donna aux missionnaires un hectare de bon terrain planté de bananiers, et une trentaine de bœufs. Il leur fournit même des matériaux et les ouvriers nécessaires à la construction d'une habitation faite de poteaux, de roseaux et d'herbe.

A peine installés, les missionnaires commencèrent à prêcher l'Evangile ; le jour de Pâques 1880, quatre catéchumènes recevaient le baptême. Le roi lui-même était ébranlé, mais il y avait à sa conversion des obstacles formidables qu'il n'eut pas le courage de surmonter.

Le 8 avril 1881, le P. Livinhac écrivait : « Nous avons une centaine de catéchumènes adultes. Il y a ici grâces à Dieu, un grand nombre de pauvres âmes très désireuses de connaître le bon chemin et de le suivre coûte que coûte. Je ne m'attendais pas à trouver parmi les nègres de si heureuses dispositions..... La classe dont nous espérons le plus est la classe des

esclaves. Ces pauvres gens sont grandement supérieurs à ceux des nègres que nous avons rencontrés
sur notre route. Ils sont très empressés de s'instruire
de notre religion et de l'embrasser... on dirait que
les bons anges nous ont précédés ici et préparé les
voies. »

Cependant le roi commençait à se refroidir à l'égard
des missionnaires. Le 19 novembre 1881, le P. Lourdel écrivait que, sur une dénonciation calomnieuse
un jeune catéchumène, chef des pages du roi, venait
d'être condamné à être brûlé vif. Il alla le voir : Il le
trouva résigné à la volonté de Dieu, et lui demanda
si on allait le tuer.

— Probablement, mais maintenant, je ne crains
pas la mort, même je la désire. Mourir, ce n'est
rien.

— As-tu reçu le baptême ?

—Oui, un de mes compagnons me l'a donné hier
soir. Aussi je ne crains pas la mort. »

En entendant le mot batémo, le geôlier étonné, ne
comprenant pas ce mot rouganda, lui demande :

« — Qu'est-ce que cela ? »

Le page se met à sourire à cette question naïve de
son gardien.

Ne pouvant par prudence, faire aucune exhortation
au néophyte, le père se retire en lui disant :

« — Alors, c'est bien. »

Et il va s'asseoir dans une case vis-à-vis, d'où il
pouvait l'apercevoir.

« Quelles pensées, dit le P. Lourdel, m'inspirait

la vue de ce jeune homme en pleine force, assis tranquillement auprès de son gardien, vieillard à cheveux blancs, habitué dès son enfance à exécuter les ordres sanglants de son maître ! Il était calme, causait et même riait avec celui qui, dans quelques heures peut-être, allait le torturer. Ce jeune homme, depuis que nous le connaissons, nous avait toujours paru doué d'un caractère énergique, rude même parfois. C'était lui qui nous avait amené au catéchisme la plupart de ses compagnons. Ce calme au moment de la mort m'étonnait cependant. En voyant sa résignation je me disais que parmi ces nègres, parfois si indolents en apparence et si apathiques, il y aurait cependant assez de courage pour que la grâce de Dieu pût en faire des martyrs. » (1)

Traduit devant le roi, le chef des pages nia énergiquement et fut condamné au feu. On lui brûla les pieds. Il priait pendant qu'on le brûlait. Chose extraordinaire, quoiqu'il eût les pieds dans le foyer à côté de ceux d'une autre suppliciée et que celle-ci ait eu les pieds entièrement dépouillés de leur chair, les siens ne reçurent que de légères atteintes à la surface. La veille de son supplice il demanda à passer la nuit auprès des missionnaires, et il obtint cette grâce. On lui suppléa les cérémonies du baptême et après minuit on lui donna la sainte Eucharistie. « J'aurais voulu, disait le P. Lourdel, que vous l'eussiez entendu

(1) L'abbé A. Nicq : *Le R. P. Siméon Lourdel*, chapitre x, page 250.

nous dire avec quelle joie il acceptait la mort pour aller au ciel ! Ce matin il nous a envoyé, à titre de legs suprême, son petit esclave de quatorze ans qui connaît déjà tout son catéchisme, en nous faisant dire : « Je veux qu'il reste avec vous pour qu'ainsi « il pratique la religion de Jésus-Christ. » Cependant le roi, qui était sûr de son innocence, lui fit grâce du supplice, mais peu de temps après il le fit noyer.»

En voyant les progrès que faisait le christianisme dans ces pays de l'Afrique équatoriale, Mgr Lavigerie avait résolu, de concert avec le Saint-Siège, d'organiser définitivement et hiérarchiquement ces missions en vicariats apostoliques du Tanganika et du Nyanza. Le premier vicaire apostolique du Tanganika fut Mgr Charbonnier. Quant au P. Livinhac, il fut sacré à Carthage par le cardinal lui-même, évêque de Pacando et vicaire apostolique du Nyanza.

Pendant l'absence de Mgr Livinhac, au mois d'octobre 1884, Mtéça mourait et son fils Mwanga, l'ami des missionnaires, était choisi pour lui succéder. Il avait étudié la doctrine chrétienne, et les grands du royaume se demandaient s'il n'avait pas reçu le baptême. Ce soupçon n'était pas fondé, mais, à la vérité, Mwanga montrait beaucoup de sympathie aux missionnaires et recherchait leur compagnie. Malheureusement, bientôt le roi prêta l'oreille aux calomnies qu'on lui débitait contre les chrétiens, et il commença à concevoir quelques sentiments de défiance à leur égard.

# CHAPITRE VIII

Meurtre de l'évêque protestant Hannington. — Une réputation de docteur gravement endommagée. — Supplice de Joseph Mkasa. — « Ceux qui prient ! » — Les pages héroïques. — Le petit Kizito. — La mère des douleurs ! — Révolution dans l'Ouganda. — La situation actuelle.

## I

Ans le courant du mois de septembre 1885, après un voyage dans lequel le P. Lourdel avait accompagné le roi, les missionnaires apprirent le projet que les Allemands avaient conçu de s'emparer de Bagamoyo et de l'Usagara. En même temps les missionnaires anglais recevaient la nouvelle que leur évêque Hannington arrivait par la voie des Massaya, et demandaient au roi la permission de l'aller chercher avec leur barque sur la côte est. Ils eurent l'imprudence d'ajouter que c'était un grand homme, et qu'il avait à sa suite un certain nombre de personnes. Mwanga, irrité, défendit alors à M. Mackay d'aller lui-même à la rencontre de son évêque. Un de

ses wangouanas partit à sa place avec un représentant du roi ayant ordre de conduire d'abord l'évêque à Msalala, et ensuite de revenir informer le roi ; on déciderait après s'il était opportun de recevoir M. Hannington dans le Buganda.

Quelques jours après, on apprenait que des blancs venaient par la route de Busoga. Mwanga, furieux, envoie l'ordre de les tuer. Le P. Lourdel obtient alors à grand'peine de lui qu'on ne les ferait pas périr, mais qu'on les chasserait simplement. La promesse du roi était-elle trompeuse ou l'ordre était-il déjà exécuté ? Quelques jours après, le meurtre était consommé. L'évêque Hannington venait d'être massacré avec la plus grande partie de son escorte, une quarantaine d'hommes environ.

Le P. Lourdel fut ensuite informé secrètement que les trois Anglais qui habitaient l'Ouganda allaient être, eux aussi, exécutés, et il les avertit de ce qui se tramait contre eux. Par des présents ils parvinrent à sauver leur vie. Mais Mwanga et son ministre, surpris de se voir ainsi découverts, essayèrent d'obtenir des Anglais le nom de celui qui les avait trahis. Ce fut en vain. Le roi dépité leur défendit de laisser venir aucun Mganda chez eux sous peine de mort. Les missionnaires catholiques seuls purent continuer l'évangélisation des noirs.

Les choses en étaient là, lorsque le roi, atteint d'une opthalmie, fait demander un remède au P. Lourdel. Le missionnaire apporte lui-même un collyre au royal malade. En mission, le prêtre de Jésus-Christ doit être à la fois le médecin des âmes et des corps. Après avoir suivi le traitement indiqué, au bout de deux jours Mwanga se trouve mieux, et il manifeste son contentement à son docteur qui est venu le voir. Il lui parle de la façon la plus aimable, et lui fait même promettre de ne pas s'éloigner du pays. Son bonheur de se sentir soulagé est tel qu'il se livre aux transports d'une joie enfantine : il s'empare du chapeau du missionnaire, le met sur sa tête et se regarde dans la glace en riant de sa métamorphose. Il fallait bien peu de chose pour égayer Sa Majesté noire.

En quittant Mwanga, le soir, le P. Lourdel lui donne deux pilules d'opium en lui recommandant d'en prendre une si ses souffrances l'empêchent de dormir. Puis, comme preuve de ses bons sentiments, le roi fait donner à son médecin la plus belle de ses chèvres. Le missionnaire revint donc à la mission ayant au cœur l'espoir que les obstacles suscités par la nouvelle de l'invasion allemande et la venue du blanc par la route de Busoga allaient être surmontés.

Le lendemain, un des meilleurs chrétiens de la mission, qui était au service du roi, Joseph Mkasa, accourt pour chercher le Père :

— Le roi a mal dormi, lui dit-il, peut-être est-ce la fièvre ?

Le missionnaire se rend auprès de Sa Majesté.

Mwanga n'avait pas l'air de bonne humeur.

« J'ai bien passé, dit-il, la première partie de la nuit ; mais, après minuit, j'ai avalé une des pilules, et maintenant je me sens pris d'étourdissements et très mal disposé. »

« Je l'assure, raconte le P. Lourdel dans les *Annales de la Propagation de la foi*, que ce malaise n'aura pas de mauvaises suites. Les grands disent que c'est l'effet de la pilule d'opium, que le roi a prise après s'être fait frotter de beurre, et que, pour les nègres, cela produit toujours un mauvais effet. Je suis stupéfait de cette nouvelle incompatibilité de l'opium. Le roi est mécontent à l'excès de ce que je ne l'en ai pas averti. Peu s'en faut qu'il ne me traite d'empoisonneur. J'offre de lui donner quelque remède pour se remettre de son malaise; mais les grands ne veulent pas. Enfin, vers onze heures, le roi n'étant pas mieux, je vais avec le kaouta (grand cuisinier) chercher un peu d'acide citrique. En revenant, je trouve un officier courant à la maison du roi, et le malade vomissant un peu de lait qu'on lui avait donné pendant mon absence.

« Le pauvre roi pleure et gémit comme un enfant qui se croit perdu. Le ministre aussi pleure et se lamente. C'est pitoyable. Je leur dis que la peur est mauvaise conseillère; que ce soir il sera guéri; que s'il meurt, je consens à ce qu'on me tue. Fatua, première des princesses, que j'avais soignée et guérie, il y a quelques jours, affirme qu'elle a absorbé non pas une, mais trois pilules, et parvient à le décider à prendre un peu d'acide citrique. Cela arrête les vomissements, et, le soir, la santé du prince était complètement rétablie; mais, hélas! ma réputation de docteur gravement endommagée, et ayant même, dans certains esprits mal disposés, fait place à celle d'empoisonneur. Néanmoins, en me congédiant, Mwanga se montre aimable, et ordonne de me rendre des objets volés, il y a près d'un mois, au P. Giraud, et qui avaient été retrouvés. »

Lorsque le P. Lourdel fut de retour à la mission, il apprit que les Wagandas qui avaient eu vent de la chose faisaient cette réflexion, qui leur paraissait toute naturelle : « Le roi est fou de se faire donner du remède par un blanc ; il vient de tuer deux de ses frères « deux blancs » ; naturellement, le blanc a dû profiter de la circonstance pour se venger en l'empoisonnant. »

Le 1er novembre, après avoir célébré la sainte messe, le Père va rendre visite au roi. On lui apprend que l'indisposition de Mwanga a complètement disparu : ses yeux sont en très bon état. Bientôt, un jeune page vient dire au père : « Tu n'as pas voulu me donner le baptême ces jours derniers ; je te l'avais bien dit qu'on allait vous chasser bientôt.

— Comment ?

— Oui, le roi, cette nuit, a parlé très mal de vous. Il prétend que tu as voulu l'empoisonner pour te venger de ce qu'il a tué les blancs dans le Busoga, que tu voulais ensuite mettre un autre prince sur le trône, parce que lui ne pratique pas la religion. Enfin, il est résolu à chasser tous les blancs, sinon à les tuer. »

Les révélations du jeune page étaient vraies, car,

contrairement à l'usage, le Père, qui, ordinairement, était introduit tout de suite dans la case royale, dut attendre le bon plaisir de Mwanga. Au bout de quelques instants, un page apparaît dans l'embrasure de la porte. Son visage est tout bouleversé ; il annonce à ses compagnons que Joseph Mkasa, leur vaillant chef, vient d'être lié et qu'on l'emmène pour le faire mourir par le feu. Le roi prétendait que c'est sur son conseil que le P. Lourdel lui avait donné le remède dont les fâcheux résultats l'avaient tant épouvanté. Mais ce n'était qu'un prétexte. En réalité, il y avait là une vengeance de Katikiro, furieux de voir que le chef des pages se servait de son influence pour déterminer le roi à renoncer à la superstition. Depuis trois jours, Mwanga avait décidé sa perte parce que Mkasa lui avait dit :

« Pourquoi commences-tu à tuer les blancs ? Mtésa, ton père, n'en a jamais tué. »

« Le roi, dit le P. Lourdel, avait pris ces paroles pour une grossière insulte, et il avait résolu de perdre ce jeune homme, malgré tous les services que celui-ci lui avait rendus. Il l'accusait de plus d'avoir, par mon entremise, averti les Anglais de l'ordre qu'il avait donné de tuer M. Hannington et les Anglais d'ici.

« J'attends avec résignation ce qu'il plaira au bon Dieu de me faire subir.

« L'après-midi, nous apprenons que Joseph a trouvé dans les flammes la fin de ses peines, et que le roi est disposé à se débarrasser de tous nos chrétiens

et de nous aussi probablement. Joseph était un mo-
dèle de piété et de fidélité à son devoir. Il avait su se
maintenir pendant de longues années dans une charge
très difficile et très scabreuse sous tous les rapports.
Il mourait victime de son zèle à défendre la religion
et de ses efforts pour conserver la vie à un évêque
protestant.

« Son sort était digne d'envie, et nous eussions dé-
siré le partager immédiatement, si les soins que nous
devions à notre petit troupeau n'eussent réclamé
notre conservation. »

Dans l'après-midi, un certain nombre de pages catéchumènes vinrent en toute hâte à la mission :

« Nous allons mourir, disaient-ils, donnez-nous au
moins le baptême auparavant. »

Comment résister à une telle prière : ces chers Bagandas étaient bien dignes de la grâce qu'ils solli-
citaient ; d'ailleurs, un grand nombre d'entre eux se
préparaient à ce grand acte depuis plusieurs années.
Le baptême leur fut donc administré. Pleins de joie
d'avoir obtenu cette faveur, ils disaient ensuite :

« Peu nous importe de mourir, nous autres ; mais
vous ! Si, au moins, on ne vous faisait aucun mal. »

Le soir, une douzaine de catéchumènes vinrent aussi
à la mission pour recevoir le baptême. Le P. Lourdel
consacra une partie de la nuit à les préparer, puis ils
furent régénérés. Leur foi était vive ; les missionnaires en étaient dans l'admiration, ils recevaient la
meilleure récompense de leur zèle et de leurs travaux.

Peu après la mort de Joseph Mkasa, le roi fit venir en sa présence les jeunes pages et leur dit :

« Que ceux qui ne prient pas chez les blancs s'approchent de moi. »

Trois seulement se déclarèrent, et de fait ils ne venaient pas à la mission. Quant aux autres, ils eurent la force de confesser leur foi. Dieu inspirait même à des enfants de douze ans le courage des héros.

« Je vous ferai tuer tous, répétait le roi !

— Eh bien, soit, maître, tu nous feras tous tuer. »

« Pendant les nuits suivantes, raconte le P. Lourdel, nous baptisons un certain nombre de catéchumènes, qui pour la plupart ont fini leur temps de probation.

« Outre les vingt-deux néophytes de la Toussaint, nous avons baptisé ces jours-ci cent trente-quatre personnes.

« Mwanga, malgré tout ce qu'il a pu dire, est persuadé de nos bonnes intentions. De même, le ministre et d'autres grands savent que nous n'avons aucunement voulu nuire au roi. Mais tous profitent de cette circonstance pour tâcher de nous faire le plus de tort possible et nous déconsidérer aux yeux des Wagandas ; cependant, je ne serais pas étonné qu'à sa prochaine maladie, le roi eût recours de nouveau à nos remèdes. » (1)

_______________

(1) Cf. *Annales de la Propagation de la foi*. Année 1886, page 313 et suivantes.

## II

Les missionnaires de l'Ouganda pouvaient chanter le *Te Deum* de reconnaissance envers Dieu, qui avait jugé leurs chrétiens dignes de souffrir pour l'amour de son nom. Ils n'avaient plus rien à envier aux autres missions, puisqu'ils comptaient désormais des martyrs parmi leurs néophytes. Une vingtaine de leurs meilleurs fidèles avaient été les uns brûlés, les autres massacrés et coupés par morceaux. D'autres avaient reçu de fortes bastonnades ; un certain nombre étaient encore dans les fers. Cependant on avait épargné les missionnaires. « Le roi Mwanga, écrivait le P. Lourdel, ne paraît pas devoir s'arrêter dans le chemin qu'il a pris. Moins intelligent, plus cupide et plus cruel envers les étrangers que Mtésa, il a déjà sacrifié la plupart de ses plus fidèles amis. Il n'y a que deux fibres que l'on puisse faire vibrer en lui : celle de l'avarice et celle de la peur. »

Il y eut dans cette persécution des traits d'une beauté à ravir les anges. Citons le journal du P. Lourdel, d'après les *Annales de la Propagation de la foi :* Le missionnaire vient d'apprendre que le roi a fait appeler son ministre et lui a déclaré qu'il voulait un massacre général de tous ceux qui priaient. C'est le beau titre sous lequel les barbares désignaient les chrétiens. Il se dirige alors vers la résidence de Mwanga. Là tout est calme. Les quelques personnes qu'il rencontre le regardent avec étonnement ; leurs yeux semblent lui dire : Oser venir se présenter devant le roi en un pareil jour, quelle audace !

Dominant les sentiments qui l'agitent, le Père se rend à la hutte où l'on attend avant d'être introduit devant Sa Majesté. Le ministre est là. Le missionnaire le salue et se dirige vers les cours intérieures. Personne ne l'arrête. Les chrétiens vont et viennent comme si rien d'extraordinaire ne s'était passé.

« Tout ce qu'on m'a raconté est-il donc une fable, ou suis-je le jouet d'un rêve ? se dit le Père. Hélas ! non. Le bon Dieu a seulement voulu me réserver la triste consolation de voir de mes propres yeux enchaîner mes enfants, et de leur dire du regard un suprême adieu au moment où ils vont livrer leur dernier combat sur cette terre d'exil. Bientôt, en effet, je vois chaque chef de groupes d'employés, réunir ceux de ses gens qui sont chrétiens près de la porte de la cour dans laquelle se trouve la case royale. Plusieurs sont pleins de joie, plusieurs ont l'air intimidés, tandis que d'autres répondent fièrement à leurs amis païens qui leur disent :

« Vous auriez dû vous sauver !

« — Me sauver, et pourquoi ?

« Charles Louanga, chef du groupe des pages dans lequel nous comptions le plus de néophytes, est appelé le premier avec ses compagnons. Ils sont accueillis par des huées que domine la voix tonnante du roi. Il leur fait les reproches les plus amers sur leur religion, puis s'écrie :

« Que ceux qui prient se rangent de ce côté. »

« Aussitôt Charles Louanga et Kizito, jeune catéchumène d'une fermeté de caractère tout à fait rare
pour son âge, se dirigent vers l'endroit désigné. Tous
ceux de la troupe qui sont chrétiens suivent leur
exemple. Circonstance touchante, Charles et Kizito
étaient convenus, pour s'encourager mutuellement et
ne pas faiblir au moment décisif, de se tenir par la
main.

« A un signe du roi, les bourreaux se jettent sur
ces courageux confesseurs de la foi, les enlacent dans
leurs grosses cordes et les traînent en dehors de la
cour. L'héroïque troupe s'arrête à quelques pas de
moi. On a lié ensemble les jeunes gens de dix-huit à
vingt-cinq ans. Les enfants forment un autre fais-
ceau. Ils sont tellement serrés qu'ils ne peuvent marcher qu'à grand'peine, à petits pas, et en se heurtant
les uns contre les autres. Je vois le petit Kizito rire
d'une position si bizarre, le visage aussi serein que
s'il eût joué avec des camarades. Kizito est fils d'un
des plus grands seigneurs du royaume. Plusieurs de
ses frères ont, depuis longtemps, embrassé le christianisme, et se font remarquer par leur courage et
par leur ferveur. Kizito est digne de ses aînés.
Depuis longtemps, il m'importunait pour recevoir le
baptême, me disant que Mouanga ne tarderait pas à
le tuer. Il lui est arrivé de passer la nuit dans notre
case, déclarant qu'il ne partirait pas avant que je lui
eusse assigné le jour où il lui serait donné de devenir
enfant de Dieu. Je me rappelle avoir été obligé une

fois pour me débarrasser de ses importunités, de le prendre entre mes bras et de le faire passer par la fenêtre. Enfin, le voyant si ardent, si bien disposé, je lui avais promis dernièrement de le baptiser dans un mois. Mais le bon Dieu avait décidé que cette âme d'élite serait régénérée dans son propre sang.

« Le groupe des pages de Charles Louanga sorti, on introduisit devant le roi le groupe des pages désigné sous le nom de bagalagala. Nous ne comptons parmi eux qu'un petit nombre de néophytes et de catéchumènes. Ils se montrent fermes comme les premiers et comme eux sont enchaînés par les bourreaux.

« En passant devant moi, nos chrétiens me cherchent et me saluent du regard, tandis que je prie Celui qui est la force des martyrs, de répandre dans le cœur de ces jeunes athlètes les grâces de choix nécessaires pour persévérer dans la confession de la foi.

« Cependant l'émotion me domine, et sentant mes forces défaillir, je m'appuie contre une palissade de roseaux, priant la Mère des Douleurs, qui eut la force de se tenir debout au pied de la croix, de me venir en aide. Comme elle, je suis impuissant à réprimer la rage des bourreaux que je vois entraîner brutalement leurs victimes. Il ne m'est pas même permis d'adresser à ces chers enfants une dernière exhortation, et je dois me contenter de considérer leurs visages sur lesquels se peignent à la fois une douce résignation, une sainte joie et un mâle courage;

et malgré la tristesse qui déborde de mon cœur, je rends gloire à Dieu et le remercie de l'honneur qu'il fait à la mission du Bouganda, en daignant prendre ces enfants pour les premiers témoins de la foi parmi les nègres.

« J'attends ensuite, durant plusieurs longues heures, la faveur de voir le roi. Elle ne m'est pas accordée. Craignant que Mouanga, dans un accès de colère, ne fasse piller notre maison et massacrer nos orphelins, je reprends le chemin de Sainte-Marie de Roubaga. Dans l'espoir d'avoir quelques renseignements touchant les desseins de Sa Majesté, j'accompagne le ministre qui, lui aussi, quitte la cour pour rentrer dans sa demeure. Katikiro se montre d'une politesse exagérée, sans me faire la moindre révélation. Mais, en me quittant, il me laisse, en guise d'adieu, une raillerie odieuse :

« Les hommes de Dieu savent tout, me dit-il,
« mais ils n'avaient pas prévu le coup d'aujour-
« d'hui. »

« Je ne lui réponds pas et m'éloigne tristement, faisant les plus tristes conjectures sur l'avenir de notre chrétienneté naissante et ne voyant d'espérance que dans le secours de Dieu. Le soleil est de feu. Une soif brûlante me dévore, allumée par les tristes scènes dont je viens d'être témoin. On dit que la soif est une des plus grandes souffrances des suppliciés, et que l'une de leurs dernières paroles est presque toujours : « J'ai soif. » C'est la parole du Seigneur en croix. Les bourreaux si impitoyables du Bouganda se montrent généralement sensibles à cette prière de leurs victimes et leur offrent de l'eau ou du vin de banane. Actuellement personne sur la route n'oserait m'en donner par la crainte de se compromettre. Je passe devant la case d'un de nos néophytes, l'armurier Mathieu Kisoulé. Dans cette case, rendez-vous habituel de nos chrétiens, j'aimais à me reposer quelques instants en revenant de la cour. On se faisait un plaisir de m'y offrir quelques rafraîchissements. Aujourd'hui elle est déserte et silencieuse comme la mort! A quelques pas de là, ayant rencontré une petite source, je me penche pour boire, quand j'entends une voix connue qui me dit :

« — Le cadavre d'une des victimes de la nuit a été « traîné dans cette eau. »

« Je me relève plein d'horreur.

« En route je rencontre le vieux portier Lousaka, honnête païen, notre ami, père de trois de nos néophytes. Lui, si gai habituellement, m'aborde les yeux pleins de larmes :

« Mes trois fils sont enchaînés, me dit-il ; quelle « cruauté! Quel mal ont-ils donc fait? Ils n'ont ni « volé, ni insulté le roi. On leur reproche de prier, « mais est-ce un crime? »

« Le pauvre vieillard me serre les mains et me témoigne sa douleur d'une manière si affectueuse que j'en suis profondément touché ; d'autant plus que sur mon chemin j'ai essuyé plus d'un regard hostile et menaçant de la part des parents des victimes, qui voient en moi la cause de leurs malheurs.

« En m'apercevant, une femme s'est écriée :

« — Oh ! que ne suis-je homme ! Je percerais de
« ma lance ce blanc qui a instruit nos fils et les a fait
« ainsi périr. »

« Pauvres gens ! S'ils pouvaient comprendre combien nous les aimons ! S'ils savaient tout le bien que
nous leur voulons ; les sacrifices que nous avons faits
pour nous arracher à notre famille et à notre patrie,
et venir jusqu'à eux !... Mais il est écrit que le disciple ne doit pas être mieux traité que le Maître, et
que nous devons, comme notre divin Sauveur, être
un objet de méfiance et de haine de la part de ceux
mêmes pour qui nous sommes prêts à donner notre
vie : *Odio eritis omnibus propter nomen meum.*

« Je croise plusieurs bandes de pillards chargés
des dépouilles de nos chrétiens, dont ils viennent de
saccager les villages, et j'arrive épuisé de fatigue à
Sainte-Marie.

« Dans la nuit, nombre de néophytes viennent
chercher auprès de nous quelques consolations, et
nous donnent les détails qu'ils ont pu recueillir sur
le pillage des centres chrétiens. Ils nous apprennent
que quelques néophytes et catéchumènes de la cour
sont encore libres. Le roi, ayant besoin de leurs
services, les épargnera tant qu'il n'aura personne
pour les remplacer. »

Nous avons voulu donner ce récit en entier, parce
que, selon nous, il serait difficile de mieux faire. Il
y a là une émotion intense qui saisit le lecteur. Les
Actes des martyrs, qui nous font admirer l'héroïsme

des fidèles de la primitive Eglise, ne nous paraissent pas contenir de pages plus belles que celles-là et que celles qui vont suivre. En les lisant, on demande à Dieu de rendre à nos chrétiens énervés d'Europe cette vertu qui a fait si grands leurs frères d'Afrique : la force !

## III

Voici quelques détails qui ont été recueillis sur le martyre des jeunes pages. On commença par éloigner Charles Louanga, chef des pages, de ses autres compagnons, pour les isoler de son influence. On voulait ainsi obtenir plus facilement une apostasie ; mais cet espoir devait être déçu.

Pour mériter les bonnes grâces du roi, le bourreau Lenkolé avait demandé qu'on lui donnât Charles, afin de le faire souffrir le plus cruellement possible. Le martyr avait été condamné au feu ; le bourreau commença par lui brûler les pieds, puis il poursuivit lentement sa sinistre besogne.

« Allons, lui dit-il, que Katonda (1) vienne te retirer du brasier ! »

Charles lui répondit doucement :

« Pauvre insensé, tu ne sais pas ce que tu dis. En ce moment, c'est de l'eau que tu verses sur mon corps ; mais pour toi, le Dieu que tu insultes te plongera un jour dans le véritable feu. »

(1) Dieu.

Puis il s'unit à Dieu dans un recueillement sublime; aucune plainte ne sortait de ses lèvres qui murmurèrent au moment où il rendit l'âme le nom de Katonda. En 1887, ses ossements calcinés furent retrouvés par un néophyte. On les enveloppa dans le drapeau de la cinquième caravane des Pères, et on les déposa dans une caisse à la sacristie de Sainte-Marie de Roubaga.

A la vue des trois plus jeunes pages Siméon Sébouta, Denys Kamiouka et Ouélabé, le vieux bourreau Mkadjanga, qui n'avait jamais eu à torturer des enfants de cet âge, se sentit ému de compassion. Il ne put se résoudre à les faire mourir.

« Déclarez simplement que vous ne prierez plus, leur dit-il, et Kabaka vous accordera votre grâce. »

La force de Dieu lui-même était dans le cœur de ces enfants. Sans se laisser ébranler par cette promesse, ils répondirent :

« Nous ne cesserons de prier tant que nous vivrons. »

Devant cette réponse catégorique, Mkadjanga se tut. Il pensait venir plus facilement à bout de la constance des enfants lorsqu'ils auraient été témoins du supplice atroce qu'il réservait à leurs camarades.

C'est sur la colline de Namougongo que se passa cette scène admirable. On avait réuni là un amas considérable de roseaux secs. On en fit des fagots dans chacun desquels on renferma une victime.

Siméon Sébouta, voyant qu'on l'oubliait, s'écria :

« Où est donc mon fagot à moi ? Tous en ont un; moi aussi je veux le mien. »

Pour le contenter, on lui fit partager le sort des autres, mais on le mit de côté ainsi que Denys et Ouélabé. Les préparatifs étant faits, on entassa horizontalement les fagots.

Avant de procéder à l'exécution, le bourreau voulut tenter un dernier effort auprès d'un de ses fils qui se trouvait parmi les martyrs : jusque-là l'enfant était resté inébranlable.

« Mon fils, lui dit-il, consens simplement à ce que je te cache chez moi ; personne n'y passe et on ne pourra t'y découvrir. — Père, répondit l'enfant, je ne veux pas être caché. Tu n'es que l'esclave du roi. Il t'a ordonné de me tuer : si tu ne me tues, tu t'attireras des désagréments. Je veux te les épargner. Je connais la cause de ma mort : c'est la religion. Père, tue-moi. »

Voyant qu'il ne gagnerait rien et voulant donner satisfaction à son *amour paternel,* Mkadjanga commanda à un de ses aides de le délier et de l'assommer, afin de lui éviter la peine du feu ; puis le corps fut enfermé de nouveau dans le fagot et replacé sur les autres.

Tout étant donc prêt, on mit le feu aux roseaux du côté des pieds des victimes, pour prolonger leur supplice et essayer de les faire apostasier ; mais cette attente fut encore trompée. Alors, ô spectacle admirable ! on vit ces enfants ouvrir leurs lèvres, non pour gémir, mais pour réciter les prières qu'on leur avait apprises. Le ciel tout entier devait se pencher pour contempler cette scène sublime, et les anges étaient sans doute descendus sur la colline, tenant des couronnes pour les confesseurs du Christ et chantant le psaume : « Enfants, louez le nom du Seigneur » : *Laudate, pueri, Dominum.*

Pendant le supplice, les bourreaux disaient à leurs victimes :

« Sachez que ce n'est pas nous qui vous tuons : c'est Nendé qui vous tue ; c'est Mkaça qui vous tue ; c'est Kibouka..., ce sont tous nos loubali qui vous tuent ! ceux que vous appelez avec mépris des masitani (démons).

— Si ce sont les démons qui nous tuent, dirent plusieurs voix du milieu des flammes, vous êtes donc leurs ministres? »

Cependant, le feu accomplissait lentement son œuvre. Au bout d'une demi-heure, les fagots avaient été dévorés, et ce coin de terre de l'Ouganda était à jamais sanctifié par ce monceau de cadavres à demi brûlés.

Oui, ô colline de Namougongo, tu seras à jamais bénie, les générations de l'avenir te nommeront parmi les plus illustres. Tu seras de celles qui feront cortège à cette sainte montagne du Golgotha sur laquelle s'est opéré le salut des hommes. C'est là que les pauvres noirs de l'Afrique viendront, en baisant ta poussière, pleurer d'admiration et apprendre à tout sacrifier pour leur Dieu.

Cependant, les trois pages épargnés par Mkadjanga attendaient avec une sainte impatience qu'on leur fît subir le sort de leurs compagnons. Ils furent désolés lorsqu'ils se virent reconduits en prison.

« Pourquoi ne pas nous tuer ? Nous sommes chrétiens aussi bien que ceux que vous venez de brûler. Nous n'avons pas renoncé à la religion, nous n'y renoncerons jamais. Inutile de nous remettre à plus tard. »

Dieu permit qu'ils fussent épargnés pour servir de témoins de la scène qui s'était déroulée sous leurs yeux, sur la colline de Mamougongo.

Lorsqu'on apprit, en Europe, les massacres de l'Ouganda, une émotion puissante saisit les âmes croyantes. C'était l'héroïsme des premiers martyrs que Dieu plaçait de nouveau devant notre génération contemporaine amollie, pour lui donner une leçon de foi et de courage.

Le cardinal Lavigerie traduisit cette émotion dans une lettre éloquente :

« Je le dis à la gloire de Dieu, qui seul, il y a dix-huit siècles comme aujourd'hui, a soutenu et inspiré tous ces courages. Son esprit étant toujours le même, vous ne vous étonnerez pas si, sur les lèvres de ces pauvres noirs ignorants, se retrouvent, au moment du combat, des paroles non moins sublimes que celles des martyrs de la Carthage romaine ; si les néophytes de l'Ouganda vont chercher, au milieu de la nuit, dans la réception des sacrements, la grâce de constance intrépide que les martyrs de Tertullien trouvaient avant eux dans des réunions semblables ; et si, comme alors, les persécuteurs ne pouvant expliquer autrement leur courage, l'attribuent au sortilège et à la magie. Vous ne vous étonnerez pas si la générosité des femmes égale celle des hommes, si la vieillesse, si l'âge mûr, si l'enfance se sont montrés également supérieurs à la crainte des supplices ; si l'un des grands de l'Ouganda, les mains, les pieds successivement tranchés par une rage impie, la chair enlevée par lanières et jetée devant lui sur des charbons ardents, a pu agoniser trois jours sans faire entendre une plainte, sinon, à la fin, la plainte du Sauveur sur la croix : J'ai soif, *Sitio !* Si trente et un jeunes hommes, la plupart encore dans l'adolescence, à qui, en présence du bûcher, on a fait l'offre de la vie s'ils voulaient renoncer à la prière, ont répondu : « Nous prierons tant que nous vivrons », et si, brûlés ainsi vivants, à petit feu, ils ont continué jusqu'à la fin à réciter ensemble leurs prières au milieu des flammes, et à y braver ainsi leurs bourreaux.

« Dans notre même Afrique, poursuit le cardinal, sur la colline où Utique s'élevait autrefois, une troupe généreuse de chrétiens a reçu, il y a près de seize cents ans, la couronne du martyre. On la nomme la masse blanche dans notre liturgie, *massa candida,* parce que, selon la parole de saint Augustin, la chaux où ils furent ensevelis recouvrit ces martyrs comme d'un blanc linceul. Si les honneurs des saints leur sont un jour décernés, nous pourrons, comme pour répondre à travers les siècles à cette dénomination touchante, nommer ceux de l'Ouganda la masse noire ; car, les premiers parmi les noirs, ils ont souffert la mort pour Jésus-Christ, et c'est sous les noirs décombres de leurs bûchers qu'ils restent ensevelis. »

La cour de Rome a demandé aux missionnaires de commencer l'enquête canonique qui doit constater le martyre des chrétiens de l'Ouganda.


## IV


Quelques jours après ces massacres, Mgr Livinhac arrivait. Sans adresser des reproches amers à Mwanga, ce qui n'eût fait qu'aggraver la situation, il lui communiqua l'ordre qu'il avait reçu de ses supérieurs de reprendre le chemin du sud. Le roi mécontent tout d'abord à l'annonce du départ des missionnaires leur permit de partir, cependant il ne promit pas de mettre un terme à ses cruautés. Mais les événements qui survinrent dans la suite lui firent rechercher de nouveau par intérêt l'appui des catholiques.

En 1888, Mwanga était détrôné par les musulmans, et son frère Kiwewa était mis à sa place. Le nouveau roi de l'Ouganda promit sans hésiter de respecter toutes les croyances et de faire régner au milieu de ses sujets la paix et la liberté. En habile homme, il voulait conquérir les sympathies des catholiques. Pour atteindre ce but, il désigna pour la première charge du royaume un catholique nommé Honorat, ancien ministre de Mwanga. La bienveillance que Kiwewa témoignait aux catholiques lui devint funeste. Il fut assassiné, et on nomma pour le remplacer un autre de ses frères, Karéma.

Pendant ce temps, Mwanga errait fugitif cherchant

un abri; il le trouva auprès de ceux qu'il avait persécutés. En apprenant que le roi était revenu à de meilleurs sentiments, l'armée des chrétiens l'accueillit avec faveur et le rétablit sur le trône : « Je vous en supplie, écrivait alors Mwanga au cardinal Lavigerie, daignez nous envoyer des prêtres pour prêcher la religion de Jésus-Christ dans tout le pays de Bouganda » et il signait : « Moi, votre enfant : Mwanga, roi de l'Ouganda. »

Tous les cœurs s'ouvraient à l'espérance d'un meilleur avenir. Hélas ! la persécution allait recommencer et la haine des protestants devait anéantir toutes les œuvres déjà florissantes de cette belle mission.

A la fin de 1891, Mgr Hirth, successeur de Mgr Livinhac, écrivait tristement : « Tout l'Ouganda est en feu et notre mission court les plus grands dangers ; jusqu'ici tout s'est terminé par des combats partiels, mais une lutte générale s'engagera évidemment, elle amènera la ruine de l'un ou de l'autre parti. Je ne m'explique pas la haine que nous porte la compagnie anglaise : il lui eût été si facile de gagner les catholiques en leur rendant stricte justice !... Il n'y a pas que je sache de pays au monde où les catholiques soient moins libres que ceux de l'Ouganda depuis dix-huit mois.

« Malgré cela, notre religion fait des progrès, nos catéchismes sont toujours plus fréquentés. L'embarras devient grand pour les baptêmes surtout : le nombre des aspirants devient tellement considérable que nous ne pouvons les bien préparer. Aux derniers examens on m'a présenté sept cents adultes ; il m'a fallu quinze matinées pour les interroger ; trois cents ont échoué, il en restait quatre cents qui ont reçu le baptême à Noël. Ces chiffres vont bientôt doubler. » Mais en même temps que la grâce agissait si puissamment, le démon se remuait désespérément pour enrayer un mouvement qui devait faire de l'Ouganda un pays catholique à la foi ardente.

L'année 1891 ne fut qu'une suite de discussions entre les deux partis. Les protestants prétendaient que les catholiques voulaient expulser et tuer les Anglais. Le roi voyait sa bonne volonté impuissante et son autorité méconnue par l'officier anglais, lorsqu'il s'agissait de rendre justice aux catholiques. La situation n'était pas tenable, et il devenait évident qu'une révolution terrible allait déchirer et ensanglanter ce pays.

Le capitaine Lugard, croyant faussement avoir été insulté aux cours de négociations qu'il avait entamées avec Mwanga, résolut de venger cette injure personnelle en répandant le sang des catholiques. Le capitaine mit lui-même le feu aux poudres en faisant donner des armes aux Bagandas protestants. Son intention était évidente : il y avait là une excitation formelle à la guerre civile. Elle éclata le 24 janvier. A deux heures la fusillade commence : les deux partis en viennent aux mains : les catholiques sont soutenus par leur chef Gabriel qui montre un courage et un entrain admirables. Tout cède devant lui : le manque de munitions le force seul à s'arrêter. Les protestants allaient être vaincus sans l'intervention déloyale du capitaine Williams qui vient à leur secours avec ses soldats soudanais. Il se dirige du côté de la case royale : elle était vide. Le roi s'était enfui vers le Nyanza avec l'armée catholique.

Que devenaient pendant ce temps les missionnaires catholiques ? Ils étaient exposés aux plus graves dangers. Ils n'avaient pas pu profiter de l'invitation que le capitaine Lugard leur avait faite de descendre au fort, pour mettre leur vie en sûreté. Comment en effet auraient-ils pu sans escorte faire le chemin qui les séparait des Anglais. Ils seraient devenus les victimes des protestants qui occupaient la route ; ils demeurèrent donc chez eux, confiants en la Providence.

Cependant ils organisèrent de leur mieux la défense. Les enfants furent placés sur le plateau avec mission d'éloigner les incendiaires. Une maison en terre servit de refuge aux Pères, aux femmes et aux plus petits des orphelins. Les protestants s'en prirent d'abord à l'église. Malgré leur courage, les enfants ne purent soutenir l'assaut. Une balle atteignit au cœur un médecin nègre, François Gogé. Un ancien serviteur, Cyprien, fut frappé à la cuisse. Bientôt l'ennemi était dans la place.

« A deux reprises, les missionnaires furent comme bombardés dans leur pauvre maison en terre, le feu était tout autour d'eux et ils faillirent être brûlés vifs. Avec quelle angoisse, prêtres, femmes et enfants récitaient le chapelet ! Quels vœux ne firent-ils pas au Seigneur !

« Quelques catéchumènes étaient là qui n'avaient pas encore été régénérés ; c'étaient de jeunes enfants qui, après avoir vu tomber leurs maîtres à côté d'eux, avaient pu, à travers le feu et la flamme, arriver jusqu'à la mission ; ils furent tous lavés dans l'eau sainte du baptême. L'évêque donna une dernière absolution à tous les chrétiens et aux missionnaires : il la reçut lui-même du Père supérieur : il ne restait plus qu'à mourir.

« Les balles sifflaient de tous côtés : on entendait les décharges précipitées du canon Maxim, le magasin était environné de flammes ; la fumée étouffait ceux qui s'y étaient réfugiés.

« La fusillade s'apaisa enfin peu à peu sur la colline ; de temps en temps, cependant, un coup de fusil avertissait que les protestants entouraient la maison et attendaient que le feu eût tout dévoré. Bientôt le toit même du magasin qui servait de refuge suprême prit feu ; il brûlait lentement, à cause de la terre qui recouvrait les roseaux. François Gogé était étendu mort presque à la porte du magasin ; les flammes étaient si près qu'elles touchaient ses habits. Mgr Hirth ouvre alors lui-même la porte du magasin et va éteindre le feu qui commence à dévorer son cadavre. A ce moment on entend une détonation et une balle siffle au-dessus de la tête du courageux évêque. On le supplie de se mettre à l'abri ; il rentre au magasin et on se prépare à la mort. Pas un cri, pas une larme, les Baganda savent mourir.

« Les flammes cependant diminuent d'intensité, elle n'ont presque plus rien à dévorer.

« Les premiers pillards, immense bande de vautours qui s'abat sur tous les champs de bataille en Ouganda, approchaient.

« Les missionnaires furent découverts, mais leur nombre effraya les bandits et ils s'éloignèrent pour aller chercher du renfort. On propose alors à l'évêque d'envoyer un mot à MM. les Anglais pour leur demander de venir débloquer les missionnaires. Mais qui portera cette lettre ? C'est aller à la mort. Deux des enfants se dévouèrent. Ils voulurent déposer leurs armes et partirent revêtus de la croix. « Au premier « appel ils avaient hésité, dit Mgr Hirth ; je leur « demandai le sacrifice de leur vie pour sauver celle « de neuf missionnaires, ils s'élancèrent. Leur bon « ange les fit arriver. »

« Une heure après, au moment où les Pères se disposaient à sortir tous ensemble pour se diriger du côté de Kampala, le capitaine Williams arrive avec sa troupe. Il dit qu'en voyant les maisons de la mission en flammes, il avait cru que les Pères s'étaient enfuis ; c'est pour cette raison qu'il ne s'était pas pressé de venir les secourir... Bientôt le capitaine Lugard, lui-même, apparaît avec une cinquantaine de Wangouana armés de fusils ; on essaie alors d'arrêter le feu qui mine lentement le toit du magasin et de la maison en briques à peine commencée. Travail difficile car l'eau manque et le feu s'est glissé dans l'intérieur du toit au milieu des roseaux qui soutiennent une épaisse couche de terre. On parvient cependant à sauver le magasin, mais l'autre maison s'écroule par morceaux. Au coucher du soleil, les missionnaires avec tous ceux qui s'étaient réfugiés auprès d'eux, partaient pour le fort avec les officiers ; une garde de seize hommes était laissée autour du magasin.

« Les missionnaires furent bien reçus au fort ; ils ont témoigné leur reconnaissance aux officiers anglais. » (1)

Comment décrire maintenant les horreurs qui suivirent le refus fait par le roi Mwanga d'accepter les conditions mises à son retour par le capitaine Lugard, l'invasion de l'île de Boulingougwé par les protestants Baganda et les soldats du fort, et surtout les scènes de carnage qui ensanglantèrent les eaux du Nyanza ? Le monde catholique et civilisé à protesté contre ces atrocités. Les agissements de la compagnie East Africa ont produit une vive émotion en Europe. L'Angleterre à prescrit une enquête.

Le 7 avril 1893, un contrat a été passé entre les deux partis. Il met fin à l'injuste traité de M. Lugard que les catholiques subissaient depuis le 5 avril 1892.

Il apparaît clairement, d'après les conditions qui leur sont faites, que les renseignements recueillis par le capitaine Mac-Donald témoignent en faveur de la justice de leur cause.

---

(1) Cfr. *Vie du R. P. Lourdel*, par l'abbé A. NICQ, p. 642 et suiv.

Ils sont mis en possession de Sésé, de la province de Mawokouta par laquelle ils peuvent se rendre à la capitale, des villages de Livekoula, près de l'Onyoro, et de Mwanika, près de la capitale. On leur permet d'avoir des chefs ; un katikiro, un général, un amiral, qui ne doivent être nommés qu'avec l'agrément du gouvernement anglais.

Aujourd'hui les difficultés sont loin d'être complètement aplanies, mais le sang des martyrs a été fécond et les chrétiens surgissent, de plus en plus nombreux et fervents, réalisant cette parole du grand cardinal : « Pauvres martyrs, priez pour moi, disait-il lorsqu'on lui apprit les désastres de 1892. Si le bon Dieu a voulu qu'il en fût ainsi, c'est qu'il sait que sa gloire en éclatera mieux plus tard : *Sit nomen Domini benedictum !* »

# CHAPITRE IX

Guerre de Tunisie. — Mgr Lavigerie nommé administrateur apostolique. — Créations diverses. — Visite à Sfax. — Colonisez ! — Le cardinalat. — L'expiation de la gloire. — Saint-Louis de Carthage. — La consécration. — Une vision des destinées de la France.

## I

LE 31 mars 1881, une escarmouche entre des tribus tunisiennes et deux compagnies françaises échelonnées sur la frontière à El-Aïoun, fournissait à la France l'occasion de déclarer la guerre à la Tunisie. « L'attaque inopinée des Kroumirs, écrivait le ministre, vient de décider la France encore hésitante, en ne lui permettant plus de tarder à venger le sang de ses soldats. » 25.000 hommes, sous les ordres du général Forgemol, envahirent bientôt le pays. Le 12 mai, les troupes étaient devant Tunis, et le bey, affolé, signait une convention connue sous le nom de traité du Bardo, en vertu de laquelle notre protectorat était solennellement reconnu et

établi. « Je n'ai pas à apprécier, écrivait l'archevêque d'Alger, les événements politiques récents. Tout ce que j'en puis dire, c'est que le drapeau et le nom de la France étant engagés dans une telle entreprise, il ne peut y avoir parmi nous que des vœux pour son succès. Plaise à Dieu que ce triomphe de la France soit le triomphe définitif de la civilisation chrétienne dans ces pays barbares. »

Mgr Lavigerie devait contribuer pour une large part à hâter ce triomphe, par les œuvres nombreuses qu'il entreprit aussitôt après la conquête. Le vicaire apostolique qui gouvernait alors la chrétienté tunisienne, Mgr Suter, était un vieillard âgé de quatre-vingt-quatre ans, qui, désireux de passer dans la retraite les dernières années de sa vie, avait obtenu du Saint-Siège qu'il lui fût donné un coadjuteur et successeur. Il avait déjà présenté pour sa succession les noms de trois religieux italiens de son ordre, sur lesquels se faisaient les informations d'usage, lorsque arriva l'occupation de la régence. Le gouvernement français intervint alors auprès du Saint-Siège et représenta qu'une situation nouvelle exigeait un clergé nouveau. Il demanda la nomination d'un prélat français. Mgr Lavigerie fut désigné, à la suite de ces négociations, comme administrateur apostolique. Une pension honorable fut donnée au vieil évêque, et Mgr Lavigerie se mit à l'œuvre.

Son premier soin fut de pourvoir à la création d'une église. Commencée en 1881, la cathédrale provisoire pouvait recevoir les fidèles pour les fêtes de

Pâques suivantes, grâce à l'activité déployée par tous.

Le cimetière catholique, situé au milieu même de la ville, ne pouvait plus, depuis longtemps déjà, à cause de son exiguïté, recevoir les morts. En présence de l'augmentation de la population, il devenait plus insuffisant encore. L'archevêque en établit un hors des murs, dans un terrain mesurant quarante mille mètres.

L'administration du vicariat par un évêque appartenant au clergé séculier amenait naturellement l'introduction dans les fonctions administrative du clergé séculier lui-même. Mgr Lavigerie pourvut aux différentes charges du ministère pastoral, et confia la formation du clergé futur à la congrégation des Missionnaires d'Alger qui, par leur expérience des choses africaines et de la vie apostolique, paraissaient plus propres à cette charge.

La formation du clergé ne constitue qu'une partie de la charge et des préoccupations épiscopales. L'évêque ne peut abandonner la jeunesse catholique aux périls d'une mauvaise éducation. Mgr Lavigerie se préoccupa de la fondation d'un collège catholique à Tunis. La société des Missionnaires d'Alger en accepta donc aussi la direction. En 1885, deux cent cinquante-cinq élèves en suivaient les cours. Un grand nombre d'entre eux appartenaient à des religions différentes et même au mahométisme.

Ce que le collège Saint-Charles faisait pour les garçons, une communauté religieuse de femmes le fit pour les jeunes filles appartenant aux familles les plus aisées. Les dames de Sion fondèrent donc un pensionnat.

Les enfants des classes ouvrières ne furent pas oubliés : les frères des Écoles chrétiennes et la Soctété de Marie fondèrent des écoles. Les malades et les vieillards virent bientôt s'ouvrir pour eux des asiles où les religieuses leur prodiguaient les soins les plus tendres et les plus dévoués.

Paroisses, chapelles de secours, orphelinats, tout surgissait comme par enchantement sous le souffle créateur de la puissante initiative de l'archevêque.

Le gouvernement français soutenait Mgr Lavigerie dans toutes ces œuvres, mais les députés étaient toujours mal disposés à son égard. On inventa un moyen mixte. Une loterie fut autorisée : elle échoua en partie, mais produisit cependant 85o.ooo francs.

« Ah ! Monseigneur, lui disait un agent italien, M. Maccio, que vous faites du bien, mais que ce bien nous fait de mal. »


## II


L'influence de Mgr Lavigerie était grande en Tunisie. Nous en citerons une preuve. Lorsque l'expédition française touchait à sa fin, la ville de Sfax s'étant révoltée, le bombardement fut la punition de cette résistance ; et, de plus, le bey exigea des habitants une forte indemnité.

Mgr Lavigerie voulut visiter cette ville si malheureuse. On le reçut royalement. Toute la population se pressait sur son passage. Les soldats formaient la haie, le canon tonnait. L'archevêque avait fait savoir qu'il offrait 10.000 francs pour la réparation de l'église, particulièrement éprouvée par le bombardement, et il avait ordonné une distribution d'aumônes aux malheureux de toute croyance.

Quand on connut ces largesses, l'enthousiasme fut à son comble.

Après avoir fait une station à l'église, Mgr Lavigerie se dirigea vers le presbytère. Alors se passa une scène très touchante. On se pressait autour de l'archevêque pour embrasser ses mains, ses vêtements; on ne savait de quelle manière lui témoigner la joie de le voir, et la reconnaissance qui lui était due. C'était un véritable triomphe. Bientôt la place fut couverte d'un très grand nombre de musulmans qui demandaient à voir le prélat afin de le prier d'obtenir un délai en leur faveur pour le paiement de l'indemnité de guerre dont ils avaient été frappés. Ne pouvant recevoir tout ce peuple au presbytère, Mgr Lavigerie lui donna rendez-vous à l'église. Ils y entrèrent en même temps que lui, avec les marques du plus profond respect. L'archevêque gravit les degrés de l'autel, et là, debout, dans toute la majesté de sa belle prestance, et l'éclat de ses vêtements pontificaux qu'il n'avait pas quittés, il écouta la requête des principaux habitants de la ville.

Pendant que ceux-ci parlaient, l'auditoire faisait

entendre des plaintes, des soupirs et des san-
glots.

Dans sa réponse, Mgr Lavigerie montra aux musulmans la grandeur de la faute qu'ils avaient commise.
Le bey, étant leur souverain légitime, avait droit à leur
fidélité : ils s'étaient révoltés contre lui. Et, ce qui
aggravait leur situation, c'est qu'ils n'en étaient pas à
leur premier acte de rébellion. Le repentir seul, mais
un repentir sincère pouvait leur obtenir miséricorde.

— Vous repentez-vous ? leur dit l'archevêque,

— Oui, nous nous repentons, nous avons agi
comme des insensés : le bey est notre maître, la France
est forte et nous sommes faibles.

— Mais votre ancien chef, Ali-ben-Khalifa, écrit
dans le monde entier que vous lui promettez de vous
révolter encore au printemps.

— Il ment, nous avons été ses victimes ; nous ne
voulons pas nous révolter.

— Eh bien, alors, jurez-moi que vous ne vous révol-
terez plus jamais contre le bey, ni contre la France
qui est son alliée et sa protectrice.

— Nous le jurons, Dieu le voit.

— A cette condition, je veux bien vous entendre et
intercéder pour vous. Dites-moi ce que vous voulez.

— Nous voulons du temps pour payer notre dette
au bey. Actuellement il nous est impossible de trouver
de l'argent. Nous allons hypothéquer nos maisons,
nos terres. Mais nous ne pouvons réaliser la somme
nécessaire en un jour.

L'archevêque les rassura. Il avait déjà intercédé

pour eux auprès du bey et du représentant de la France. On était incliné à la miséricorde à leur égard, mais il leur faudrait s'acquitter de cette dette dès que cela leur serait possible.

— Nous leur promettons, dirent-ils.

On leur accorda, en effet, un délai raisonnable, et ils payèrent fidèlement.

La gratitude des habitants de Sfax se manifesta le soir par une illumination générale. Les rabbins vinrent saluer l'archevêque et l'assurèrent de leurs sentiments de reconnaissance. Le lendemain, au départ du prélat, on détela les chevaux de sa voiture. qui fut traînée à bras, pendant que le peuple faisait retentir les airs de ses acclamations enthousiastes.

## III

Le cardinal Lavigerie avait le plus grand désir de voir s'établir en Tunisie des familles françaises, dont l'influence pourrait s'exercer utilement au point de vue de la colonisation et de la christianisation du pays. Il faisait ainsi valoir les avantages de la situation : « Notre protectorat donnera toujours une plus-value aux terres en assurant la sécurité des biens et des personnes, et je voudrais pouvoir, dans cet ordre d'idées élevées et chrétiennes, donner une indication utile à quelques-unes de nos anciennes familles, qui cherchent en France l'emploi de leur activité ou de leur fortune. Je crois leur rendre un service en retour du concours que j'ai souvent reçu d'elles. Je n'ai point ici, en effet, à leur demander des sacrifices, au contraire. Vous allez en juger par les faits.

« Au premier moment de notre occupation, les terres les meilleures étaient presque pour rien en Tunisie. On en trouvait d'excellentes au prix de 5o, 3o, et même, pour celles qui étaient plus éloignées, de 10 francs l'hectare. Aujourd'hui, en moins de trois années, la valeur de ces terres a augmenté dans des proportions considérables. Ceux qui ont fait des acquisitions à la première heure se trouvent donc avoir réalisé de grands bénéfices.

« Mais la terre est loin d'avoir acquis sa valeur définitive. On en peut juger par l'Algérie où la valeur des terres non irrigables varie dans les plaines de 5oo à 1000 francs l'hectare. Or, en Tunisie, au moment actuel, les meilleures terres de culture, à une distance rapprochée des villes ne dépassent pas encore 15o fr. Dans le sud, c'est-à-dire aux environs de Sfax et de Gabès, elles descendent encore jusqu'à 3o et même 20 francs l'hectare.

« On voit donc l'avantage qu'il y aurait, pour les familles dont la fortune est assise, et auxquelles l'état troublé et incertain de l'Europe ne permet pas toujours des placements sûrs, à profiter de ces conditions. Sans parler des cultures nouvelles qui commencent, et en particulier de la vigne à laquelle est réservé un avenir certain sur des terrains neufs, la simple plus-value, qui sera l'œuvre forcée du temps, peut constituer une somme de richesses. J'ai vu, dans ces derniers temps, plusieurs chefs de famille ou d'industrie réaliser pour eux-mêmes, après avoir tout vérifié sur place, la pensée que j'indique. D'autres s'apprêtent à les suivre, et, lorsqu'ils sont honnêtes et chrétiens, je les encourage de mon mieux.

« Ce qui me préoccupe en ma qualité de pasteur n'est pas le côté financier et économique d'une telle question. J'y vois surtout, par la venue de tels propriétaires, par celle des colons qu'ils sauront choisir et amener à leur suite, l'accomplissement de la grande œuvre de moralisation et d'exemple, qui nous est imposée par notre occupation même. »

IV

Pendant que le grand archevêque donnait ainsi à l'accomplissement de ses projets apostoliques le meilleur de son âme et de ses forces, le bruit se répandait qu'après de si grands services rendus à la religion et à la France, il allait enfin être promu au cardinalat; l'opposition systématique du maréchal de Mac-Mahon avait retardé jusqu'alors la réalisation de ce désir de la cour romaine, et la satisfaction que réclamait l'opinion publique. L'ancien gouverneur de l'Algérie n'avait pas oublié qu'il avait été vaincu dans la question des orphelinats arabes, et il avait gardé une antipathie prononcée pour l'archevêque d'Alger.

En 1882, le président de la République française, M. Grévy, n'avait aucune animosité contre Mgr Lavigerie, aussi le **chapeau** de l'illustre cardinal Pie étant venu à vaquer, il demanda au Pape de l'accorder à l'archevêque d'Alger. C'est au sein de ses travaux et de ses combats, à Tunis, aux grands Lacs, et au Sahara, aussi bien qu'en Algérie et en France, qu'arriva au prélat le billet officiel du cardinal Jacobini, lui annonçant son élévation à la plus haute dignité de l'Eglise, après le souverain pontificat.

Mgr Lavigerie inspiré par son ardent patriotisme avait restauré la chapelle bâtie à l'endroit où le saint roi Louis IX avait rendu son âme à Dieu. Ce fut là, à Saint-Louis de Carthage que le nouveau prince de l'Eglise voulut recevoir la calotte cardinalice. La cérémonie fut très touchante, et fournit au peuple tunisien l'occasion de manifester ses sentiments d'admiration et d'amour à l'égard de son illustre pasteur. Après les quelques paroles du comte Cecchini, Mgr Lavigerie évoqua de grandes pensées :

« C'est comme doyen des archevêques français que j'ai été recommandé au Souverain Pontife, disait-il. Aux années déjà longues de mon ministère épiscopal, auxquelles viennent se joindre les fatigues du ciel africain, la pourpre ne peut tarder à devenir pour moi un linceul. Aussi, en présence d'un tel spectacle, quel sentiment remplirait mon âme, sinon celui de mon impuissance et de ma misère ? Mais je ne puis rien par moi-même, l'Eglise qui m'envoie m'assure l'appui de Dieu. Or, tout, dans les desseins de la Providence, semble annoncer que Carthage, réduite en poussière par Rome païennne et par les barbares, va être rendue à la vie par Rome chrétienne. »

La fête eut son couronnement à Tunis. On se rendit à la cathédrale. Le cardinal avait refusé des troupes sur son passage, mais une grande foule l'attendait à la gare. A peine est-il arrivé que les acclamations retentissent ; les Maltais dans leur enthousiasme détellent les chevaux. Le cardinal est traîné en triomphe jusqu'à la cathédrale.

Il n'en fut pas de même le soir de ce grand jour. Le cardinal revenait à Carthage, accompagné de Mgr Dusserre et de Mgr Combes. A mi-chemin, la voiture s'engagea dans une fondrière. Le cocher, un nègre, qui s'était livré sans doute à de copieuses libations en l'honneur de l'archevêque, avait laissé son attelage aller à l'aventure. La voiture était embourbée. Eminence et Grandeurs durent descendre, et en grand costume épiscopal pousser vulgairement à la roue. L'aventure ne manquait pas de piquant pour le cardinal, que son peuple avait porté le matin en triomphe. Ainsi vont les choses humaines. Malgré les efforts de tous, la voiture ne put sortir de ce mauvais pas, et les prélats revinrent à pied à Saint-Louis de Carthage. Nous laissons à penser en quel état ils se présentèrent : « C'était, dit l'historien du cardinal, l'expiation de la gloire de ce jour. »

Quelque temps après eut lieu, à l'Elysée, la remise de la barrette cardinalice par le président de la république. Dans son allocution, le cardinal Lavigerie s'oubliait, pour mettre en évidence cette portion du clergé français qui se dévoue au dehors, au service de l'Eglise et de la patrie. C'était lui que le Pape, de concert avec le gouverneur français, avait voulu honorer dans sa personne.

« Dispersé sur tous les points du monde et jusqu'au fond des contrées barbares, disait-il, le clergé des missions françaises garde partout à la France un ardent amour. En la quittant, il renonce à tout ici-bas : au sol natal, aux affections des siens, à la vie même, car il en fait par avance le sacrifice ; mais il conserve pieusement, comme un dernier et plus cher trésor, avec le culte de Dieu, le culte de la patrie. Chargé de perpétuer ses traditions les plus pures, sa charité, sa foi, ses inspirations généreuses, il compte parmi ses jours les plus fortunés, ceux où, en servant la religion et l'humanité, il peut servir et honorer le nom de la France.

« Etranger aux divisions de la politique humaine, il se serre autour de son drapeau, qui protège, dans le monde entier, par un privilège dix fois séculaire, sa croix et ses autels. Il demande à Dieu chaque jour, pour elle, tout ce qui rend les peuples grands et respectés ; au dehors, la conservation d'une influence presque partout liée à la conservation de sa foi ; au dedans, l'union et la paix, que peut seul donner, au milieu de tant de passions, le respect de tous les droits, de ceux des humbles, des pauvres, des enfants, comme de ceux des puissants et des forts. Il se réjouit, dans les jours heureux, de ses succès et de ses gloires ; il tremble dans les mauvais jours des périls qui la menacent. Il annonce à tous ses bienfaits ; il voile aux yeux ennemis ou jaloux ses erreurs ou ses fautes, comme un fils pieux voile, en pleurant, les erreurs ou les fautes d'une mère. Il meurt enfin, en la bénissant, en lui envoyant ses derniers vœux, en gardant l'invincible espérance qu'elle restera, malgré tout, comme la nomment encore autour de lui tant de peuples divers, la grande nation, c'est-à-dire la nation choisie par Dieu pour faire triompher dans le monde, les grandes causes de l'humanité, de la vérité, de la justice. »

## V

Mgr Lavigerie vint un jour prier dans la chapelle établie sur l'emplacement où était mort notre grand saint Louis. Le culte y était supprimé, et des mains étrangères gardaient ce sanctuaire. Il s'émut en voyant l'abandon où se trouvait cette terre sanctifiée par le dernier soupir du pieux roi, et il demanda à Pie IX de confier à ses missionnaires la garde de cette chapelle française. Il fut exaucé : « Oh ! qui me donnera de voir la foi chrétienne prêchée à Tunis », disait le monarque mourant. Ce vœu avait été exaucé. Mais il allait, avec le cardinal Lavigerie, trouver sa pleine réalisation. En remerciant Léon XIII de l'honneur qu'il lui avait fait en l'élevant à la pourpre romaine l'archevêque d'Alger lui disait : « Le plus beau jour de ma vie, lui disait-il, sera celui où, après avoir doté le vicariat de la Tunisie de tout ce qui est nécessaire, en institutions, en hommes et en argent, je pourrai aller me prosterner aux pieds de Votre Sainteté, pour lui demander de relever le siège de saint Cyprien et la grande Eglise de Carthage. »

Un historien qui a raconté l'histoire de l'ancienne Eglise d'Afrique, Morcelli, formait le vœu que Dieu ressuscitât cette Eglise, comme compensation des maux et des troubles qui avaient affligé la chrétienté au siècle dernier. Ce vœu avait commencé à s'accomplir par les soldats de la France, qui en 1830, avaient brisé le joug sous lequel gémissaient ces régions infortunées. Au moment où le cardinal Lavigerie travaillait avec tant d'ardeur à l'extension du règne de Dieu sur la terre africaine, le culte catholique était rétabli dans plus de trois cents églises des trois diocèses de l'Algérie. Parmi elles se trouvaient Julia Caesarea, Tipasa, Cirta, célèbres par leurs martyrs ; Tagaste, illustre par les vertus de Monique et par la naissance d'Augustin ; Hippone qui doit à ce grand docteur un nom immortel ; Calama où vivait Possidius, l'ami et l'historien du grand évêque d'Hippone. Des prêtres séculiers étaient formés dans les séminaires africains, qui rappelaient les anciennes institutions épiscopales dont saint Augustin avait tracé la loi ; les communautés religieuses refleurissaient sur ce sol depuis si longtemps stérile ; enfin la chaîne des conciles africains avait été reprise avec l'approbation et les bénédictions du Saint-Siège ; il ne restait plus qu'à rendre à la vie la plus illustre des églises africaines : « Carthage, disait Mgr Lavigerie, qui la première, pour me servir des paroles de saint Innocent Ier, avait reçu la foi des envoyés du bienheureux Pierre ou de ses successeurs, était ensevelie sous les ruines, et son nom avait disparu pour céder sa place, même dans le langage ecclésiastique, à celui de Tunis, cité presque inconnue dans les annales des premiers siè-cles de l'Eglise ; Carthage, qui nous rappelait les souvenirs des premiers martyrs de l'Afrique, ceux des Perpétue et des Félicité, ceux du plus ancien Père de l'Eglise latine, Tertullien, de ses évêques incomparables, Cyprien, Aurèle, Deogratias, Eugène ; Carthage, témoin, durant les persécutions des proconsuls romains, de tant d'actes d'héroïsme, qui se perpétuèrent sous les Vandales ariens et sous le cimeterre des musulmans ; Carthage qui garda jusqu'à la fin, sur toute l'Afrique latine, une autorité sans rivale ; car seule elle resta la métropole de ses sept cent cinquante églises, les primaties des provinces étant réduites, par respect pour elle, au simple décanat de l'ancienneté.

« Tous les vœux du monde chrétien et les nôtres en particulier, appelaient donc l'achèvement de l'œuvre commencée par le retour de l'Eglise de Carthage à la vie chrétienne. Il sembla que Dieu agréait nos prières, lorsque, il y a maintenant un peu plus de deux années, les mêmes soldats de la France, qui avaient délivré du joug les Mauritanies et la Numidie, entrèrent dans la Byzacène, la Proconsulaire et la Zeugitane, et bientôt vinrent camper sur les ruines mêmes de la métropole de l'Afrique.

« Désormais la protection d'une puissance chrétienne assurait une ère de liberté à l'Eglise dans ces provinces.

« Aujourd'hui, le Saint Sacrifice est offert sur le territoire de l'ancienne Carthage, dans six sanctuaires différents. A son centre même, au sommet de Byrsa, le Séminaire est établi dans des bâtiments magnifiques. Dans le quartier de Mégaro, près du lieu du martyre, et non loin de celui de la sépulture de saint Cyprien, s'élève le palais épiscopal. Trois communautés religieuses, deux d'hommes et une de femmes, s'y trouvent représentées dans des maisons diverses. Des chrétiens, rares encore, il est vrai, commencent à y fixer leur résidence. Enfin, et pour affirmer encore mieux cette résurrection, c'est au centre de Carthage, dans ce sanctuaire dédié à saint Cyprien, que nous célébrons aujourd'hui un premier synode où je me vois entouré de cinquante prêtres ou clercs dans toute la pompe des cérémonies catholiques, au milieu des souvenirs les plus touchants de l'Eglise ancienne. »

Léon XIII accéda au désir du cardinal. Après avoir loué le zèle infatigable que le prélat avait déployé pour propager la foi dans son vicariat de Tunis et pour assurer à perpétuité les fonds nécessaires à la subsistance de l'archevêque et à l'achèvement des œuvres commencées, il rétablissait dans des lettres pontificales le siège de Carthage et souhaitait que cet acte tournât au profit et à l'honneur des peuples de l'Afrique. Mgr Lavigerie reçut le pallium à Alger.

Mais à ce nouveau siège primatial il fallait une cathédrale digne de son illustre passé et de son grand avenir. L'archevêque fit un appel à la noblesse française pour lui demander d'élever sur une terre étrangère un monument aux plus pures gloires de son histoire, eu l'honneur de saint Louis et en souvenir des croisés français. Les descendants des croisés surgirent nombreux dans la vieille et la jeune noblesse. En 1890 la cathédrale était terminée. C'est un monument superbe, mélange de style mauresque et byzantin, de gothique et de roman. La façade est flanquée de deux tours carrées reliées par une galerie ajourée et couronnée par deux dômes. A l'intérieur, l'édifice présente sur une longueur de soixante mètres ses trois nefs et son déambulatoire, le chœur et la chapelle Saint-Louis. La plus grande richesse d'ornementation rehausse tout cet ensemble grandiose. Les colonnes au nombre de deux cents sont en marbre de Carrare. Le transept est couronné par le dôme central entouré de huit clochetons et portant la croix à son faîte.

La consécration de cette basilique donna lieu à une belle manifestation. Nous l'avons dit : le cardinal aimait à faire grand. Il excellait à organiser les cérémonies grandioses, non pas certes par vanité ni ostentation, mais pour frapper les regards et l'âme d'un peuple ami des pompes extérieures, et pour augmenter à ses yeux le prestige de la France. En cette circonstance il se surpassa.

Une foule considérable qu'on peut évaluer à quinze

mille personnes circulait sur les flancs de la colline. Parmi elle on voyait des représentants de peuples nombreux : Français, Italiens, Maltais, Anglais, Allemands, Juifs, Arabes, Kroumirs, nègres du Soudan. Les troupes françaises toutes mêlées à celles du bey étaient là avec leur brillant costume, rendu plus éclatant encore par le soleil d'Afrique. Le drapeau tricolore flottait sur le grand dôme. C'était un spectacle incomparable.

Bientôt une procession s'organisa pour transporter les saintes reliques de la chapelle Saint-Louis à la nouvelle basilique, si belle dans sa splendeur virginale. Quel cortège imposant : les congrégations séculières des marins de Naples, de Malte et de Sicile, les deux cents missionnaires d'Alger, une longue file de prêtres, de dignitaires de toute sorte, chanoines, prélats, abbé mîtré, évêques, archevêques, et enfin sous un dais superbe le grand cardinal portant lui-même les ossements des saints. Quel cadre, à cette fête, que ce beau ciel d'Afrique, la mer, la foule et l'armée de la France !

A l'intérieur de l'église le coup d'œil était féerique. Dans la nef droite se trouvaient placés nos généraux, officiers supérieurs, et fonctionnaires de tout rang. Dans la nef gauche les membres du gouvernement tunisien représenté par Son Altesse le prince Taieb, les ministres, et derrière eux les consuls de toutes les puissances.

Le cardinal avait son trône dressé à l'entrée du chœur, les évêques siégeaient dans les stalles, et le résident général sur une estrade ornée de drapeaux tricolores faisait face au trône primatial.

La cérémonie commence, se poursuit et s'achève au milieu de chants magnifiques, avec ses rites si touchants, devant une assistance profondément impressionnée.

Le cardinal consacre le maître autel; Mgr Lagrange l'autel de la Très-Sainte-Vierge; Mgr Berchialla l'autel de Saint-Augustin: Mgr Dusserre celui de Saint-Charles; Mgr Buhagiar celui de Saint-Fulgence. Puis retentit le chant du *Veni Creator*.

Aussitôt après, Mgr Combes, évêque de Constantine, monte en chaire et donne lecture d'une lettre pastorale du cardinal exposant, dans un langage superbe, ce qu'a été la Carthage païenne, ce qu'a été la Carthage chrétienne et les raison qui militaient en faveur du rétablissement de ce siège archiépiscopal.

La lettre est longue, Mgr Combes n'en a lu encore que la première partie. Il allait commencer la seconde lorsque Mgr Lavigerie se lève et la remplace par une admirable improvisation :

« Tant de splendeurs, s'écrie-t-il, avec la majesté
« de son attitude et de son geste, tant de splendeurs
« paraîtront peut-être exagérées à plusieurs, dans ces
« temps difficiles; mais il fallait à cette église, après
« tant de siècles de deuil, une fête digne de son
« histoire. Peut-être les ornements dont je suis revêtu
« paraîtront-ils trop magnifiques. Mais moi, je me
« souviens que sur cette colline de Byrsa, ici, à la
« place même d'où je vous parle, a paru enchaîné,

« dépouillé de ses vêtements, a été insulté, battu de
« verges, le dernier archevêque de l'ancienne Car-
« thage ; et moi son successeur, le premier archevêque
« de la Carthage nouvelle, je tiens à paraître à mon
« tour sur le même sol, au même endroit, dans toute
« la pompe que l'Eglise permet à ses pontifes. Et ainsi
« l'on verra que les défaites du christianisme, à
« l'heure marquée de Dieu, se terminent en triom-
« phes ! »

Lorsque le cardinal eut achevé, les chanoines portèrent sous le dais du trône un grand fauteuil d'or, et
le primat n'Afrique en prit possession, pendant que
les voûtes résonnaient du chant de la résurrection :
*O filii et filiæ.*

Mgr Brincat célébra ensuite la messe solennelle,
puis le cortège se dirigea, aux accents du *Te Deum*,
vers le perron de la basilique. « Une foule immense,
difficilement contenue par les chasseurs d'Afrique,
raconte l'abbé Klein, attendait au dehors, couvrant
au loin les pentes de la colline.

« Gens de toute race, de tout pays et de toute religion, catholiques à genoux, protestants la tête nue,
Arabes musulmans et nègres païens dans l'attitude du
respect et de l'étonnement, tous reçurent la bénédiction des douze évêques, successeurs des apôtres, qui
se tenaient en haut du portique.

« Et il semblait que l'Afrique entière recevait en ce
moment la grâce manifeste de la conversion et de la
liberté.

« La cérémonie était terminée depuis longtemps

qu'ils restaient là encore, ces pauvres infidèles comme frappés de stupeur, dans une profonde admiration de l'Eglise et de la France.

« Et nous, prêtres et fidèles de France, nous nous demandions si ce n'était pas là un beau rêve. Habitués à nos querelles intestines, nous demeurions dans le ravissement de cette fête sublime, qui venait de réunir dans une même manifestation de foi et de patriotisme le cardinal et le gouverneur, les évêques et les généraux, les missionnaires et les zouaves, les prêtres et les soldats.

« C'était comme une vision des destinées de la France, glorieuse quant elle confesse sa foi, humiliée quand elle la renie. Ce jour-là, sur une plage lointaine, en face des nations étrangères, elle se montrait dans son rôle naturel, et elle frappait d'admiration tous les peuples d'Europe en Afrique. » (1)

(1) L'abbé KLEIN : *le Cardinal Lavigerie et ses œuvres d'Afrique*. Mame, éditeur.

# CHAPITRE X

La plaie de l'esclavage africain. — Un tableau navrant. — Le 24 mai 1888 au Vatican. — A Saint-Sulpice. — « Assez, assez de souffrances ! » — Organisation de la société antiesclavagiste. — Londres. — Bruxelles. — Milan. — Appel aux Espagnols et aux Allemands.

## I

Je ne puis plus rien faire que de souhaiter, en ce moment, que les bénédictions les plus abondantes du ciel descendent sur tous ceux quels qu'ils soient, Anglais, Américains ou Turcs, qui contribueront à faire disparaître de ce monde la plaie affreuse de l'esclavage. » Ces paroles que l'Angleterre a fait graver sur le tombeau de Livingstone dans Westminster, et qui contiennent un vœu dont tout homme de sens et de cœur doit demander la réalisation, étaient depuis longtemps dans l'âme et sur les lèvres du cardinal Lavigerie.

Dans sa première lettre à ses diocésains, il avait dénoncé l'esclavage africain aux peuples civilisés. Il avait racheté de nombreuses victimes ; il avait ouvert pour les jeunes esclaves arrachés ainsi à cette horrible situation des orphelinats qui les rendaient à la civilisation et à la liberté. Mais qu'étaient ces généreux efforts en comparaison de la grandeur du mal ? Chaque année 400.000 esclaves devenaient la proie des traitants de l'intérieur de l'Afrique, et étaient ensuite exposés sur le marché du Soudan et du Maroc. « Amplifier les maux de l'affreux commerce, disait Livingstone, est tout simplement impossible. Le spectacle que j'ai eu sous les yeux, incidents communs de ce trafic, est d'une telle horreur que je m'efforce sans cesse de le chasser de ma mémoire et sans y arriver. Les souvenirs les plus pénibles s'effacent avec le temps, mais les scènes atroces que j'ai vues se représentent, et la nuit me font bondir, horrifié par la vivacité du tableau. »

Les missionnaires écrivaient à leur père des lettres remplies de détails navrants : « Nous ne voyons plus partout que des villages qui flambent, des gens qui se sauvent sur le lac, des brigands armés qui fouillent les replis des vallées ou les bas-fonds de la rivière Maongolo, où sont cachés les fuyards, puis qui reviennent le soir traînant les femmes et les enfants qu'ils ont liés ensemble. C'est un spectacle affreux... Quand donc le règne pacifique de Notre Seigneur viendra-t-il rendre à ces pauvres peuples la liberté qu'ils ont perdue ? Ce jour, nous l'appelons de tous nos vœux, offrant à Dieu nos prières et nos sacrifices pour qu'il hâte sa venue. »

« Ces récits, écrivait ensuite l'archevêque, ces récits que m'apportait chaque courrier de l'intérieur, ne me laissaient plus de repos. Il me semblait qu'en ma qualité d'évêque et de successeur de Saint-Cyprien, qui faisait vendre jusqu'aux vases sacrés de son Eglise pour racheter les captifs africains, en qualité de chef de l'héroïque société des missionnaires qui les premiers avaient pénétré dans les profondeurs de la région des Lacs, j'avais le devoir de chercher à mettre un terme à tant de cruautés. Mais comment un homme seul, un vieillard, pourrait-il faire partager ses sentiments à l'Europe ? Dans une telle angoisse je me rappelai naturellement celui qui est le père de tous ceux qui pleurent et qui souffrent. »

Sur ces entrefaites, le pape préparait, de concert avec l'empereur du Brésil dom Pedro, l'émancipation de deux millions d'esclaves. Le cardinal Lavigerie saisit l'occasion pour exhaler ses douloureuses pensées, au sujet de la traite des noirs en Afrique : « Très saint Père écrivait-il, ce n'est pas seulement dans l'Amérique du Sud que l'esclavage existe, c'est surtout en Afrique qu'il conserve toutes ses horreurs ; la traite maritime a été supprimée, il est vrai, mais la traite par terre existe toujours, accrue même par la suppression de l'autre, et avec des caractères plus abominables encore. »

Plus tard un des hommes les plus compétents de l'Angleterre sur cette question de l'esclavage écrivait à Mgr Lavigerie :

« Pendant les trois ans que j'ai employés à traverser l'Afrique, j'ai été souvent témoin des maux causés par le commerce des esclaves, et auparavant, j'avais passé quatre ans à faire la chasse aux dahous arabes, qui portaient des esclaves en Asie. La plupart de ceux qui pensent encore aujourd'hui aux horreurs de la traite croient que cette question n'intéresse que le transport des esclaves par mer et que, sur terre, ils ne sont ni si maltraités ni si malheureux.

« Monseigneur, j'ai vu les esclaves à bord des dahous arabes, accroupis leurs genoux au menton, couverts de blessures et de plaies, mourant par manque de boisson et de nourriture, les morts liés aux vivants, et la petite vérole ajoutant sa funeste contagion aux misères dont ils étaient accablés.

« Mais cela n'est rien encore, comparativement aux horreurs que l'on voit à terre ; des villages brûlés, des hommes tués en défendant leurs foyers, des provinces entières dévastées, des femmes violées, de petits enfants mourant de faim, ou, si quelque mère a obtenu d'emporter avec elle son enfant, et que le négrier brutal trouve que la pauvre femme ne peut plus porter à la fois son fardeau et l'enfant, c'est ce dernier qui est jeté à terre et qui a la tête brisée sous les yeux de sa mère.

« Des milliers de pauvres gens portant en de lourds fardeaux le butin même que les maîtres cruels ont peut-être volé à ceux qui sont maintenant leurs esclaves, forcés de marcher, même quand ils sont mourants et couverts de blessures, et en sus de leurs fardeaux, portant des fourches (1) attachées à leur cou.

« Les arrêts ne leur donnent nul soulagement. Ils sont forcés de construire les abris de leurs maîtres, et ensuite, de se coucher, souvent sans manger, au froid et à la pluie. Quand il arrive qu'un pauvre esclave ne peut plus mettre un pied devant l'autre, au lieu d'enlever la fourche qu'il porte au cou, le négrier la lui laisse de façon à rendre impossible à ce malheureux d'échapper à la mort. Quelquefois des hommes ou des femmes laissés de cette manière, à côté des chemins, sont dévorés encore vivants par des bêtes féroces, moins féroces néanmoins que ceux qui les laissent périr sans aucun secours.

« Quelques-uns de ceux qui veulent défendre la traite de terre disent que c'est une nécessité pour le commerce de l'ivoire. Je sais bien que plusieurs des commerçants arabes qui vont chercher l'ivoire en Afrique se font marchands d'esclaves, par suite du manque de bras libres pour porter l'ivoire qu'ils ont amassé. Mais les esclaves employés à ce travail ne sont pas le dixième de ceux que l'on fait aujourd'hui.

« Les négriers qui font tant de mal aux missions écossaises et aux commerçants européens du lac Nyassa ne sont ni Arabes ni marchands d'ivoire. Ce sont des métis abrutis, qui veulent avoir ces esclaves, parce qu'ils peuvent avec eux vivre sans travailler et

(1) Ces fourches sont de lourdes pièces de bois qui se mettent au cou des esclaves, comme on attache le joug au cou de nos bœufs.

se donner les plaisirs brutaux dont ils ont l'habitude. Ils trouveront maintenant le moyen de disposer de leur butin humain en faveur des gens qui se sont engagés à trouver « des engagés libres ». Tous les paysans musulmans et quelques-uns des noirs païens achètent des esclaves et ne pensent guère à l'ivoire.

« Les esclaves qui, auparavant, trouvaient un marché presque libre en Egypte sont maintenant transportés dans la Tripolitaine et au sud des provinces barbaresques à travers le Sahara dont les sables sont parsemés de leurs squelettes.

« Les grands chefs indigènes comme Karougo et Mouanga, sans même avoir besoin des provocations qui viennent des négriers étrangers, font la chasse aux esclaves, sans avoir souvent d'autre raison que leurs caprices. Ainsi chaque nègre veut en posséder un autre et l'idée d'esclavage se mêle au sang africain. Je dois ajouter que tous les systèmes par lesquels on cherche à pallier l'esclavage sont inutiles, que les gens qui y sont assujettis, qu'ils soient appelés « émigrés libres », « apprentis » ou de quelque autre nom que ce soit, sont la même chose sous un autre nom et donnent occasion, dans l'intérieur de l'Afrique, à la chasse aux esclaves. Si ces systèmes ne sont donc abolis ou changés radicalement, nous ne réussirons jamais à la supprimer partout. Maintenant, si les gouvernements ne peuvent supprimer la traite de la terre par la force comme le gouvernement anglais l'a fait précédemment sur les côtes occidentales de l'Afrique, et travaille encore à le faire dans la mer

Rouge et l'océan Indien, il faut que des gens de toute religion, de tout pays, de toute nation s'allient ensemble pour envoyer en Afrique des expéditions ayant pour seul but l'abolition de l'esclavage.

« Quelques-uns (comme les missionnaires) peuvent travailler à ce but par la force morale, mais les autres doivent se servir d'armes matérielles. Si, sur les grands lacs et à quelques autres points de l'intérieur, nous avions d'autres petites troupes bien armées et bien disciplinées, nous parviendrions bientôt à supprimer le transport des esclaves dans les pays lointains. Jusqu'ici personne n'a rien fait dans ce but, mais une centaine d'hommes européens pourraient dominer le lac Nyassa, et il en est de même pour les autres grands lacs et quelques lieux placés sur les routes principales. L'Allemagne vient de devenir la maîtresse d'une grande région de l'Afrique, mais jusqu'à présent, elle ne témoigne aucune volonté de soulager les maux de ceux dont elle est désormais la souveraine.

« J'espère que vous, Monseigneur, réussirez à exciter un vif intérêt pour cette question de la traite et que vous parviendrez à trouver le moyen de la supprimer.

« *L'homme qui assurera la liberté à la race nègre sera le plus digne Serviteur de Dieu que le monde aura jamais vu.* »

## II

Le 24 mai 1888, jeudi de la Pentecôte, la salle Ducale du Vatican présentait un émouvant spectacle.

C'était, suivant l'expression des journaux de l'époque une scène analogue à l'adoration des mages dans l'étable de Bethléem. Sur les degrés du trône pontifical, debout ou assis à la turque, se tenaient les Arabes et les nègres. Derrière eux les Pères Blancs entourant leur supérieur général. Dans la salle les pélerins africains et lyonnais.

Bientôt parut le cortège du Pape : c'étaient des gardes nobles, des camériers, prélats, évêques, cardinaux. Mgr Lavigerie était auprès du Pontife. Ce fut lui qui s'avança pour lire l'adresse au nom des pèlerins. Le sujet principal de ce discours fut la lettre de Léon XIII aux évêques du Brésil sur l'esclavage : « Ce que Votre Sainteté a flétri avec tant d'éloquence, disait-il d'une voix nuancée de tous les sentiments qui passaient sur ses lèvres, c'est, très Saint-Père, la propre histoire des noirs qui sont en ce moment à vos genoux. Tous sans exception sont les témoins et les victimes de ces infamies. Tous ont été, par la violence, enlevés à leurs familles, séparés de leurs pères, de leurs mères, qu'ils ont vu le plus souvent massacrer sous leurs yeux. Tous ont été traînés sur les marchés à esclaves, sur ces routes impies dont parle Votre Sainteté avec une vérité qui fait frémir. Tous enfin ont été vendus comme un vil bétail. Et si les missionnaires envoyés par vous, très Saint-Père, il y a maintenant dix années, ne s'étaient trouvés pour les racheter, au nom de l'Eglise, avec les ressources d'une œuvre admirable, la Sainte-Enfance, ils seraient encore sous le joug et sous les coups de maîtres impitoyables, ou déjà morts de leurs souffrances sur les sables arides de nos déserts. Or ils ont laissé, dans l'intérieur de notre immense continent, tout un peuple, leur propre peuple, voué à ces effroyables misères : cent millions d'hommes, de femmes, d'enfants, condamnés à une telle vie et à une telle mort. »

Mgr Lavigerie demandait, en terminant, la bénédiction du Père commun des fidèles pour les présents et les absents ; pour les chrétiens baptisés de l'Afrique et pour les infidèles assis dans les ténèbres de la mort.

Léon XIII répondit :

« Vous l'avez dit, Monsieur le Cardinal, dès le début de notre pontificat, nos yeux se sont portés vers cette terre déshéritée (l'Afrique), notre cœur s'est ému aux spectacle des innombrables misères, physiques et morales, dont elle est le théâtre. Nous avons cherché dans la mesure de nos forces à y apporter un remède convenable et salutaire. Ce qui, par-dessus tout, n'a cessé de remplir notre âme de tristesse et de commisération, c'est la pensée de ce grand nombre de créatures humaines, réduites par la force et la cupidité à un esclavage honteux et dégradant.... Nous avons invité et vivement engagé tous ceux qui ont le pouvoir entre leurs mains à mettre un terme au hideux trafic appelé la traite des nègres, et à employer tous les moyens pour que cette plaie ne continue pas davantage à déshonorer le genre humain. Et puisque le continent africain est le théâtre principal de ce trafic et comme la terre propre de l'esclavage,

Nous recommandons à tous, les missionnaires qui y prêchent le saint Evangile de consacrer toutes leurs forces, leur vie même à cette œuvre de rédemption....

« Mais c'est sur vous surtout, Monsieur le Cardinal, que Nous comptons pour le succès des difficiles œuvres et missions de l'Afrique. Nous connaissons votre zèle actif et intelligent, Nous savons tout ce que vous avez fait jusqu'à ces jours, et Nous avons la confiance que vous ne vous lasserez pas avant d'avoir mené à bonne fin vos grandes entreprises. »

Ces paroles renfermaient un ordre. Le cardinal Lavigerie obéit.

Le lendemain de cette mémorable audience, il écrivait à son représentant à Paris pour lui faire connaître ses intentions à ce sujet :

« J'avoue, disait-il, n'avoir jamais mieux ressenti l'honneur qui m'était fait : c'est la cause même de l'humanité, de la liberté chrétienne, de la justice, qui nous est ainsi remise au nom de Dieu même par son vicaire. Et ce n'est pas seulement à un vieillard dont les forces tombent comme les miennes qu'il fait ainsi appel, c'est encore, vous le comprenez mieux que personne, à tous ceux qui m'aident dans mon ministère et me soutiennent dans mes œuvres. Je ne vous étonnerai donc pas si je vous dis que je laisse pour un temps tout de côté, jusqu'à ce que j'aie organisé une telle croisade. Au lieu de retourner en Afrique, c'est à Paris que je vais venir, non pas pour des quêtes ordinaires, mais pour dire enfin ce que je sais des crimes sans nom qui désolent l'intérieur de notre

Afrique, et pour jeter ensuite un grand cri, un de ces cris qui remuent jusqu'au fond de l'âme tout ce qui, dans le monde, est encore digne du nom d'homme et de chrétien. Je n'ai plus du reste qu'à mettre en lumière ce que Léon XIII vient d'écrire sur l'esclavage africain.

« A bientôt donc, mon cher ami, c'est-à-dire au moment où je pourrai quitter Rome, après avoir reçu les dernières bénédictions et les derniers conseils du vicaire de Jésus-Christ. Annoncez ma venue à tous nos amis. Où parlerai-je ? Où écrirai-je ? Je l'ignore encore. Mais, ce que je sais, c'est qu'en demandant la fin de tant d'excès infâmes, en proclamant ces grands principes chrétiens d'humanité, de charité, de liberté, d'égalité, de justice, je ne trouverai, en France et dans le monde chrédien, ni une intelligence ni un cœur qui me refuse son appui. »

## III

Le 1er juillet 1888, on s'étouffait à Saint-Sulpice, pour entendre prêcher la nouvelle croisade contre la traite des noirs. Mgr Lavigerie parut en chaire mitre en tête, précédé de ses insignes et de la croix d'archevêque. Il annonça la mission qu'il avait reçue de Léon XIII. « Cette mission, je la commence dans cette église, où a commencé, il y aura bientôt un demi-siècle, ma vie sacerdotale, trouvant ainsi un heureux augure en ce que je la prêche ainsi, pour la première

fois, au milieu de fidèles dont je puis dire, comme
l'apôtre, que leur piété est connue dans tout l'uni-
vers. » Puis il racontait les horreurs de la traite, remuait tous les cœurs et ouvrait toutes les bourses :
« Assez, assez de souffrances, s'écriait-il ; assez de
sang, assez d'opprobres, assez d'insultes à la civilisation et à l'humanité, que le monde chrétien ne peut
pas plus longtemps laisser fouler aux pieds. Vive
Dieu ! Si vos sentiments répondent aux miens, il ne
dépendra pas de nous, j'en ai la confiance, que ce
monstrueux esclavage continue ainsi à nous déshonorer
en paix. » Il faisait appel à la charité, à l'action morale des Etats européens et au dévouement privé.
« Quand, autrefois, disait-il, les chrétiens étaient
exposés à la servitude, en Orient, des croisades, des
ordres militaires se sont formés pour les défendre. En
ce moment, un corps de six cents hommes armés,
placés sous le commandement d'un ancien capitaine
des zouaves pontificaux, le capitaine Joubert, opère
déjà contre les commerçants de chair humaine. Que
cette nouvelle croisade englobe les jeunes gens doués
d'un cœur généreux ! Je me ferai l'apôtre de cette
croisade. Aujourd'hui en France, demain en Belgique,
je parlerai à l'opinion publique et je la soulèverai par
le spectacle de tant de misères. Il n'y a pas seulement
des âmes à sauver ; il ne faut pas que ce grand continent africain devienne un désert, il faut le conquérir.
Et vous, agissez, répandez la bonne parole, vous ren-
drez service à vos frères. Parlez à tous, chrétiens ou
non chrétiens, à ceux qui le sont ou à ceux qui ne le

sont pas, et dites-leur que la cause à défendre est la cause de l'humanité. »

La presse célébra unanimement et avec enthousiasme les projets généreux du cardinal. « Nous vivons depuis cent ans dans le siècle des merveilles, disait le *Matin* du 23 juillet, mais une voix vient de s'élever dans la chaire de Saint-Sulpice, qui nous avertit de ne pas triompher trop tôt de nos progrès. C'est la voix d'un évêque de Carthage, aussi puissant par les œuvres que les Augustin l'ont été par la doctrine... Qui parle ainsi ? C'est le Cardinal. Le Pape lui a donné une mission. Il l'aurait prise. Il a soixante-quatre ans. Il a plus fait à lui seul pour la civilisation et pour la France que nos armées. Le voilà parti en guerre ; il cherche encore son moyen ; il le trouvera, il réussira ; le cœur de la France est avec lui ! C'est un prêtre, oui, certes. Suivons-le ; nous suivrions de même un général. Quel que soit son habit, c'est un apôtre. » C'était Jules Simon qui prononçait ces nobles paroles.

Dans des réunions particulières, le cardinal constitua la Société antiesclavagiste de France. Le Conseil d'administration avait pour président M. Keller ; pour vice-présidents, MM. Chesnelong et de Vogüé ; pour secrétaire, le comte de Resbecq, et pour membres, MM. d'Avril, le général de Charette, l'amiral Fabre de la Maurelle, Victor Guérin, le comte de Mun, Wallon, Récamier, l'abbé le Rebours, le R. P. Bailly, le R. P. Charmettant et Mgr Brincat, directeur de l'œuvre, qui, tout en portant le titre d'administrateur de la Tunisie, devait résider à Paris.

De plus, un conseil de haut patronage, présidé par M. Jules Simon, était chargé de défendre la cause de l'abolition de la traite des noirs dans les assemblées politiques, dans les corps savants, dans les journaux, devant les gouvernants.

Londres entendit bientôt la voix éloquente du cardinal : « Malgré ce qui nous sépare, disait-il dans un meeting organisé par lord Granville, je suis certain d'avance que nos sentiments seront les mêmes dans une cause qui est celle de l'humanité, de la justice et de la liberté. » Il lut ensuite une lettre que le P. Guillemé lui écrivait de la station de Kibanga, au Tanganyka : « J'avais à plusieurs reprises, disait le missionnaire, visité le marché d'Oujiji ; mais, à cette époque, les esclaves étaient peu nombreux, et je n'avais pas vu cet odieux trafic dans toute son horreur. A l'époque de ce dernier voyage, la ville venait d'être inondée dans toute la force du terme par des caravanes d'esclaves venues du Manyéma, du Maroungou, de l'Ouvira, et de l'Oubuari. Les esclaves, en raison du nombre, étaient à bon marché, et l'on venait me proposer d'en racheter à vil prix, mais presque tous exténués de fatigue, de misère et mourant de faim ; quelques-uns auraient même été incapables de faire la traversée du lac pour arriver à la mission. J'étais si pauvre que je dus presque tous les refuser, ayant à peine de quoi racheter les captifs que j'étais venu chercher et que je devais préférer parce qu'ils étaient déjà instruits par nous.

« La place était couverte d'esclaves en vente, attachés

en longues files, hommes, femmes, enfants, dans un désordre affreux, les uns avec des cordes, les autres avec des chaînes. A quelques-uns, venant de Manéma, on avait percé les oreilles pour y passer une petite corde qui les retenait unis.

« Dans les rues, on rencontrait, à chaque pas, des squelettes vivants, se traînant péniblement à l'aide d'un bâton ; ils n'étaient plus enchaînés parce qu'ils ne pouvaient plus se sauver. La souffrance et les privations de toute sorte étaient peintes sur leurs visages décharnés, et tout indiquait qu'ils se mouraient bien plus de faim que de maladie. Aux larges cicatrices qu'ils portaient sur le dos, on voyait de suite ce qu'ils avaient souffert de mauvais traitements de la part de leurs maîtres qui, pour les faire marcher, ne leur épargnent point les distributions de bois vert. D'autres, couchés dans les rues, ou à côté de la maison de leur maître qui ne leur donnait plus de nourriture parce qu'ils prévoyaient leur mort prochaine, attendaient la fin de leur misérable existence. En voyant ces malheureux qui n'ont point, comme ceux qui connaissent Dieu, d'espérance pour soulager leur misère, comme le cœur du missionnaire saigne en pensant que tant d'âmes se perdent faute d'ouvriers et de ressources pour les délivrer! Mais c'est surtout du côté du Tanganyika, dans l'espace inculte, couvert de hautes herbes, qui sépare le marché des bords du lac, que nous devions voir toutes les conséquences de cet abominable trafic. Cet espace est le cimetière d'Oujiji, ou, pour mieux dire, la voirie où sont jetés tous les cadavres des esclaves morts ou agonisants. Les hyènes, très abondantes dans le pays, sont chargées de leur sépulture. Un jeune chrétien, qui ne connaissait point encore la ville, voulut s'avancer jusqu'aux bords du lac; mais, à la vue des nombreux cadavres semés le long du sentier, à moitié dévorés par des hyènes ou des oiseaux de proie, il recula d'épouvante, ne pouvant supporter un spectacle aussi affreux.

« Ayant demandé à un Arabe pourquoi les cadavres étaient aussi nombreux aux environs d'Oujiji, et pourquoi on les laissait aussi près de la ville, il me répondit sur un ton naturel et comme s'il se fût agi de la chose la plus simple du monde : « Autrefois, « nous étions habitués à jeter en cet endroit les cada- « vres de nos esclaves morts et, chaque nuit, les « hyènes venaient les emporter ; mais, cette année, « le nombre des morts est si considérable, que ces « animaux ne suffisent plus à les dévorer; ils sont « dégoûtés de la chair humaine!!! »

Le discours du cardinal, habile, touchant et simple, produisit la plus profonde impression, et c'est à l'unanimité que le cardinal Manning, présent à la réunion, fit adopter le vœu suivant: « Le temps est maintenant arrivé où toutes les nations de l'Europe qui, au congrès de Vienne, en 1815, et à la conférence de Vérone, en 1822, ont pris une série de résolutions condamnant sévèrement le commerce des esclaves, doivent prendre des mesures sérieuses pour en arriver aux effets. Comme les brigands arabes, dont les dévastations sanguinaires dépeuplent en ce moment l'Afrique, ne sont ni sujets à des lois, ni sous une autorité responsable, il appartient aux gouvernements de l'Europe d'assurer leur disparition de tous les territoires où ils ont eux-mêmes quelque pouvoir. Ce meeting se propose également de faire instance auprès du gouvernement de Sa Majesté pour que, de concert avec les puissances européennes, il adopte telles mesures qui puissent assurer l'abolition de l'affreux commerce des esclaves, pratiqué par ces ennemis de la race humaine. »

## IV

De Londres, le cardinal se rendit à Bruxelles. Sa présence dans cette ville eut l'importance d'un événement politique et religieux. C'est le roi des Belges, en effet, qui avait eu l'honneur de proposer, le premier, de combattre l'esclavage à main armée. Le 15 août, Mgr Lavigerie montait dans la chaire de Sainte-Gudule ; dans le langage le plus familier, et cependant le plus éloquent, il raconta les crimes dont souffrait tout le haut Congo, malgré la protection des Belges ; il demanda que des administrateurs prissent en main la défense des nègres sur le cours supérieur du fleuve, comme on l'avait fait heureusement dans la partie de l'état indépendant qui s'étend depuis Stanley-Falls jusqu'à l'Atlantique.

25.000 francs de quête furent le résultat de ce premier discours. Les demandes d'enrôlement affluèrent : cinq cents jeunes gens se mirent à la disposition du cardinal, Le roi lui fit connaître, qu'il voulait pour sa part contribuer largement à l'achat et au transfert d'un bateau à vapeur sur le Tanganika.

Un journal, *l'Indépendance belge*, reproduisit une lettre du ministre turc à Bruxelles, qui protestait contre le cardinal Lavigerie dénonçant l'islamisme comme le grand coupable de la traite des noirs en Afrique. Il s'attira la réponse suivante très nette et très décidée : « Tous les musulmans sont prêts, quand ils le peuvent sans péril, à acheter et à vendre des esclaves ; la Turquie elle-même ne l'empêche que pour la forme et très imparfaitement. Dans ses provinces d'Afrique et dans ses provinces d'Asie, les interprètes du Coran ne condamnent pas l'esclavage ; les juges musulmans qui jugent d'après le Coran ne se prononcent jamais contre lui. Je continuerai à dire hautement ce que j'ai vu, entendu, touché de mes mains, depuis trente années, parce qu'il est nécessaire que je le dise, pour que l'Europe le sache et arrête enfin ces infamies. »

Aux Allemands, Mgr Lavigerie parla de l'Afrique allemande. Ne pouvant se rendre au congrès de Fribourg-en-Brisgau, à cause du mauvais état de sa santé, il envoya un mémoire destiné à appuyer le projet de création d'un comité antiesclavagiste allemand. Il leur disait spécialement : « Vous devez entrer dans le mouvement rédempteur, à ce qu'ont fait pour l'Afrique les fils les plus distingués et les plus courageux de votre nation. Vous le devez à l'empire nouveau que vous venez d'acquérir sur nos rivages. Vous le devez à l'appel du vicaire de Jésus-Christ qui vous y convie par sa voix paternelle. » Il leur parlait ensuite avec éloge des excellents missionnaires que leur patrie avait donné à sa congrégation des pères Blancs.

Aux Espagnols il disait : « J'ai toujours eu pour votre pays une affection sincère. Elle remonte à mon enfance, qui s'est passée tout entière près des frontières de votre Espagne, à l'ombre des montagnes et sur le bord des flots qui séparent nos deux patries. J'ai été bercé aux accents de votre langue, comme vous-mêmes à ceux de notre langue française. J'ai connu à Bayonne des catholiques, des prêtres espagnols dont j'ai admiré la foi, la fermeté de caractère. Rien de ce qui vous touche ne m'a donc jamais été étranger. Et maintenant un nouveau lien, celui de la tendresse pastorale, m'unit aux cent cinquante mille Espagnols qui sont venus chercher en Algérie une patrie nouvelle. »

En Italie la mission du Cardinal semblait pleine de difficultés. Les affaires de Tunisie n'avaient pas contribué à le rendre populaire. Cependant un tel prestige environnait sa personne, qu'il fut accueilli partout respectueusement : « Allez à Milan, lui avait dit le Souverain Pontife. Vous verrez quel bon esprit ils ont ces Milannais, quel élan, quel cœur, quelle foi. » De fait il conquit la sympathie de ses auditeurs surtout lorsqu'il s'écria en italien à la fin de son discours : « Mes très chers frères, il me vient en pensée que, sur notre terre d'Afrique, un usage consacré par les traditions anciennes veut que, lorsque deux hommes, deux tribus ont répandu et mêlé leur sang sur une même terre, la guerre ne peut plus exister entre eux. Or, mes très chers frères, le vieil évêque africain qui vous parle appartient, par sa naissance, à un peuple qui a mêlé son sang avec le vôtre. Tout autour de Milan fument encore, pour ainsi dire, les champs de votre liberté, les champs de bataille de Magenta, de Montebello, de Solférino, où le sang de la France a été mêlé à celui de l'Italie. Oh! que ce sang versé garde la paix entre nos deux peuples! Qu'il vous préserve des maux que la guerre entraîne après elle! Seigneur! c'est devant ces autels la dernière prière de ce pauvre successeur de saint Augustin: pour les esclaves nègres de ma pauvre Afrique, la vie la liberté, la fin de tant d'horreurs! Pour les peuples de l'Europe, pour ces fils de saint Ambroise, la paix! la paix! la paix! »

A Naples la vivacité napolitaine se traduisait par un véritable enthousiasme. Les aumônes affluèrent.

Le cardinal San Felice, qui avait assisté à sa conférence, voulut donner l'exemple de la générosité à tous ses diocésains. Appauvri par ses charités, il envoya une riche croix pectorale que sa ville épiscopale lui avait offerte pour reconnaître son dévouement pendant le choléra. Il y avait là pour 10.000 francs de pierres précieuses. Le cardinal Lavigerie aurait cru commettre un sacrilège en vendant un si touchant souvenir; aussi fit-il mettre la croix en loterie, de telle sorte que l'heureux gagnant eût le privilège de la rendre à celui qui s'en était dépouillé avec un désintéressement si grand.

Le résultat prévu de toutes ces prédications et de tous ces voyages fut la maladie. Elle força le prélat, de retour à Alger, à passer l'hiver à Biskra sur les confins du désert.

Au mois d'août 1889, Mgr Lavigerie convoqua à Lucerne tous les comités antiesclavagistes. La Suisse semblait être, en effet, le lieu le plus favorable pour la réunion d'un congrès international. Les Lucernois se réjouissaient de la gloire qui allait rejaillir sur leur cité par suite de la présence dans leurs murs d'un grand nombre d'étrangers de distinction. Toutes les chambres d'hôtels étaient retenues quinze jours à l'avance. Des orateurs célèbres de toutes les contrées d'Europe et même d'Amérique devaient se faire entendre.

Arrivé à Lucerne, le cardinal se trouva tout à coup très souffrant et ajourna indéfiniment le congrès. Quelle était la cause d'un si brusque revirement? le patriotisme de Mgr Lavigerie. Effrayé du petit nombre d'adhésions qui lui venaient de la France, il ne voulut pas que son pays fût comme effacé, écrasé par la supériorité numérique de la représentation étrangère : « Le congrès, disait-il, par le fait de notre abstention, tombait aux mains des Allemands et des Anglais, qui allaient y faire tourner l'avantage du nombre au profit de leurs affaires et au détriment des nôtres..... J'aurais néanmoins affronté la lutte quoique inégale, décidé à ne pas sacrifier la France, car je mets la France avant l'Afrique. Mais je suis tombé malade ; ma voix s'est couverte et je n'aurais pas pu diriger un congrès d'une issue si problématique. Car, vous le savez, ajoutait-il en souriant, il faut pour diri-diriger une assemblée plus de poumons que de raison. »

Pour remplacer le congrès qui n'avait pas eu lieu le cardinal convoqua à Paris les comités antiesclavagistes pour le 21 septembre 1890. Toutes les nations y étaient représentées.

La cérémonie d'ouverture du congrès eut lieu à Saint-Sulpice : elle fut très imposante. Le cardinal avait devant lui Mgr Livinhac, que la Providence avait amené à Paris le matin même. Quatorze nègres de l'Ouganda entouraient l'évêque de Pacando. L'église était remplie par une magnifique assistance. Elle comptait dans ses rangs pressés des hommes de dévouement envoyés par tous les pays d'Europe qui s'intéressaient à l'abolition de l'esclavage africain. Mgr Lavigerie expliqua ce qui avait été tenté depuis deux ans. En terminant il chargeait Mgr Livinhac de le remplacer dans la direction des missions qui lui avaient été confiées jusque-là : « C'est à vous, lui disait-il, qu'il appartiendra désormais de plaider la cause de nos missionnaires et de nos œuvres, de tendre pour eux dans nos églises, comme je l'ai fait si longtemps, ces mains qui ont été enchaînées pour l'amour de Notre-Seigneur, et de leur faire entendre cette voix qui a confessé Jésus-Christ. Pour moi, je vais rentrer dans mon Afrique pour n'en plus sortir et lui donner ce qu'il plaira à Dieu de me laisser encore de courage contre les années. »

Au cours d'une des séances du congrès, Mgr Livinhac fit le récit des derniers événements de l'Ouganda et produisit sur ses auditeurs une poignante émotion. Un des vœux exprimés par l'assemblée demandait au Souverain Pontife de prescrire une quête annuelle en faveur de l'œuvre antiesclavagiste. Le cardinal alla lui-même, au mois d'octobre, faire part au Saint-Père de ce vœu. Après avoir consulté les cardinaux réunis en commission pour traiter cette affaire, Léon XIII acquiesça à ce désir et promit d'adresser une lettre à tous les évêques du monde catholique pour établir une quête le jour de l'Epiphanie. La répartition des aumônes ainsi obtenues serait faite par la Propagande, aux missions africaines des pays à esclaves.

# CHAPITRE XI

Le toast. — Les commentaires. — « Je me suis tué. » — Les frères
pionniers du Sahara. — Les derniers jours. — « Baisons une dernière fois cette main qui nous a tant bénis. » — La mort. — Les
funérailles.

## I

Léon XIII, qui aimait la France, gémissait de
la voir en proie aux passions sectaires, et il
se demandait quel moyen pourrait être
employé pour mettre un terme à la guerre qui était
faite à la religion. Il avait écrit au président de la
République en mai 1883, et la réponse de M. Grévy
portait plainte contre les catholiques, les accusant de
faire cause commune avec les ennemis du gouvernement établi. Le remède à cette situation difficile,
Léon XIII crut le trouver pour les Français dans
l'acceptation loyale de la forme politique que la nation
avait indiqué plusieurs fois comme étant celle de son
choix. Agir ainsi, c'était enlever à la République, si
elle était vraiment persécutrice, le prétexte qu'elle

mettait en avant pour combattre la religion. En tout cas c'était tenter une œuvre de sagesse, de charité et d'honneur d'où pouvait dépendre le salut du pays.

Léon XIII était plein de ces pensées, lorsque le cardinal Lavigerie arriva à Rome, pour rendre compte au chef de l'Eglise de sa croisade contre l'esclavagisme, et lui présenter Mgr Livinhac, promu tout récemment aux fonctions de Supérieur général des Missionnaires d'Alger. Aussi demanda-t-il à l'archevêque de prendre l'initiative du mouvement qu'il voulait imprimer à la France catholique. Le prélat ne se dissimulait pas quels orages il allait susciter en portant ce coup terrible aux convictions et aux espérances de gens dont les subsides assuraient le pain de ses missionnaires : « J'entrevoyais, dit-il, les vengeances que quelques-uns chercheraient à tirer de moi et de mes œuvres, pour arrêter ma voix. Je le dis au Saint-Père. Mais il me répondit que peu importaient les considérations secondaires ; que c'était la volonté du Pape que je fisse ce qu'il me demandait comme un acte d'obéissance de soumission filiale... Malgré tous les inconvénients que je prévoyais et qui ont encore été dépassés, je résolus de me sacrifier moi-même puisqu'il le fallait, et de faire ce que voulait le Pape.

« J'avais alors à Rome auprès de moi l'un des chefs de la congrégation des Missionnaires d'Alger. Je résolus donc, avant que de rien faire, de le consulter à mon tour et de contrôler mes pensées par les siennes. Lorsque je lui eus exposé les idées du Pape, et aussi les résultats que pouvaient entraîner pour nous, et même pour nos œuvres d'apostolat, la mission dont le Saint-Siège me chargeait, Mgr Livinhac me dit simplement : « Le Pape le demande ; c'est pour « le bien de l'Eglise ; nous ne pouvons lui rien « refuser, dussions-nous être écrasés nous-mêmes sous « nos propres ruines. » (1)

C'est le jeudi 12 novembre devant quarante officiers de la flotte, et les représentants de l'administration, de la magistrature, de l'armée, que fut porté le grand coup qui devait avoir un retentissement si profond dans notre pays. Le cardinal avait invité ces hautes notabilités à sa table. A la fin du repas, il se leva et tous étant debout, il prononça d'une voix ferme les paroles suivantes :

« Messieurs. permettez-moi, avant de nous séparer, de boire à la marine française, si noblement représentée aujourd'hui au milieu de nous.

« Notre marine rappelle à l'Algérie des souvenirs glorieux et chers. Elle a contribué, dès les premiers jours, à sa conquête ; et le nom du chef éminent qui commande actuellement l'escadre de la Méditerranée semble lui ramener comme un lointain écho de ses premiers chants de victoire. Je suis donc heureux, Monsieur l'Amiral, en l'absence de notre gouverneur retenu loin de nous, d'avoir pu vous faire ici comme une couronne d'honneur de tous ceux qui représentent en Algérie l'autorité de la France, les chefs de notre vaillante armée, de notre administration et

_______________

(1) Lettre pastorale du 22 février 1892.

de notre magistrature. Ce qui me touche, surtout, c'est qu'ils soient tous venus à cette table sur l'invitation du vieil archevêque qui a, comme eux, pour mieux servir la France, fait de l'Afrique sa seconde patrie. Plaise à Dieu que le même spectacle se produise dans notre France, et que l'union qui se montre ici parmi nous, en présence de l'étranger qui nous entoure, règne bientôt entre tous les fils de la mère patrie !

« L'union, en présence, de ce passé qui saigne encore, de l'avenir qui menace toujours, est en ce moment, en effet, notre besoin suprême ; l'union est aussi, laissez-moi vous le dire, le premier vœu de l'Eglise et de ses pasteurs à tous les degrés de la hiérarchie. Sans doute, elle ne nous demande de renoncer ni au souvenir des gloires du passé, ni aux sentiments de fidélité et de reconnaissance qui honorent tous les hommes. Mais lorsque la volonté d'un peuple s'est nettement affirmée, que la forme d'un gouvernement n'a rien en soi de contraire, comme le proclamait dernièrement Léon XIII, aux principes qui seuls peuvent faire vivre les nations chrétiennes et civilisées ; lorsqu'il faut, pour arracher son pays aux abîmes qui le menacent, l'adhésion sans arrière-pensée à cette forme de gouvernement, le moment vient de déclarer enfin l'épreuve faite, et, pour mettre un terme à nos divisions, de sacrifier tout ce que la conscience et l'honneur permettent, ordonnent à chacun de nous de sacrifier pour le salut de la patrie. C'est ce que j'enseigne autour de moi ; c'est ce

que je souhaite de voir enseigner en France par tout
notre clergé, et en parlant ainsi, je suis certain de
n'être point désavoué par aucune voix autorisée.

« En dehors de cette résignation, de cette acceptation patriotique, rien n'est possible, en effet, ni pour
conserver l'ordre et la paix, ni pour sauver le monde
du péril social, ni pour sauver le culte, même dont
nous sommes les ministres.

« Ce serait folie d'espérer soutenir les colonnes
d'un édifice sans entrer dans l'édifice lui-même, ne
serait-ce que pour empêcher ceux qui voudraient
tout détruire d'accomplir leur œuvre de folie, surtout
de l'assiéger du dehors, comme le font encore quelques-uns malgré des hontes récentes, donnant aux
ennemis qui nous observent le spectacle de nos ambitions ou de nos haines, et jetant dans le cœur de la
France le découragement précurseur des dernières
catastrophes.

« La marine française nous a, de même que l'armée, donné cet exemple. Quels que fussent les sentiments de chacun de ses membres, elle n'a jamais
admis qu'elle dût ni rompre avec ses traditions antiques, ni se séparer du drapeau de la patrie, quelle
que soit la forme, d'ailleurs régulière, du gouvernement qu'abrite ce drapeau.

« Voilà une des causes pour lesquelles la marine
française est restée forte et respectée, même aux plus
mauvais jours, pourquoi elle peut porter son drapeau comme un symbole d'honneur partout où elle
doit soutenir le nom de la France ; et, permettez à

un cardinal missionnaire de le dire avec reconnaissance, partout où elle protège les missions chrétiennes
créées par nous. »

A peine ces paroles furent-elles connues en France
que les journaux de tous les partis les commentèrent
vivement. Les républicains modérés eurent des
éloges pour cet évêque qui avait, disaient-ils, parlé
juste; les radicaux le couvrirent de leurs railleries;
les monarchistes protestèrent; les catholiques les
les meilleurs étaient hésitants, se demandant ce qu'il
fallait penser d'un acte aussi éclatant accompli par un
dignitaire de l'Eglise qui prétendait n'être désavoué
par aucune voix autorisée.

Aujourd'hui toute hésitation doit cesser. Le pape
a parlé. Il a parlé à l'Evêque de Saint-Flour, et de sa
lettre il ressort avec évidence que l'Eglise catholique,
ni dans sa constitution, ni dans ses dogmes, n'a rien
qui répugne à une forme quelconque de gouvernement. Il ressort également que ceux qui voudraient
entraîner l'Eglise et les forces catholiques dans des
luttes issues des passions de partis, détourneraient
leur esprit des intérêts supérieurs auxquels il est nécessaire qu'ils consacrent leurs forces.

Le pape a parlé surtout par son Encyclique *Inter
innumeras sollicitudines* adressée en français à tous
les évêques et les catholiques de France, et dans laquelle il leur rappelle la nécessité sociale d'accepter
les nouvelles formes du pouvoir, « une telle attitude
étant la plus sûre et la plus salutaire ligne de conduite pour tous les Français dans leurs relations ci-

viles avec la république, qui est le gouvernement actuel de leur nation. » Accepter la constitution, réformer la législation, tel était le programme tracé par Léon XIII aux catholiques de France.

Espérons que ces instructions multiples et précises dissiperont les préjugés des hommes de bonne foi, et qu'elles faciliteront la pacification, en provoquant l'union de tous les gens de bien.

Au milieu de toutes ces luttes, le cardinal avait beaucoup souffert des injures, des calomnies qui lui avaient été prodiguées. Il pardonnait le mal qu'on lui faisait, mais son cœur était douloureusement ému. Sa constitution elle-même en subit le contre-coup : « Je me suis tué, disait-il plus tard au prêtre qui l'assistait ; car il est inutile qu'on essaie de me tromper, je sais bien que je m'en vais. Mais ce que j'ai fait, je n'ai pas lieu de m'en repentir devant Dieu ni devant les hommes. Je suis convaincu que plus tard tout le monde m'approuvera : mais cela importe peu. J'ai fait la volonté d'en haut en accomplissant celle de Léon XIII, cela me suffit. » Il disait encore : « Puisse la France apprécier mieux un jour mes paroles du mois de novembre, cause pour moi de tant de déboires, et motif de tant de haine. »

## II

Une des dernières œuvres du cardinal, que des circonstances indépendantes de sa volonté ont empêché d’aboutir, est celle des pionniers du Sahara. Il avait rêvé de former un corps de volontaires qui voueraient leur vie, comme autrefois les anciens ordres de chevalerie, à la défense des esclaves, et s’adonneraient en même temps aux travaux de colonisation. Colons, chevaliers, religieux, ils devaient être tout cela à la fois ; c’était une nouvelle forme d’apostolat. Ce n’était pas, expliquait le prélat dans une lettre destinée aux 1700 jeunes hommes qui avaient offert aux comités antiesclavagistes leur bonne volonté, ce n’était pas des soldats qu’il s’agissait de rompre à une discipline, c’était surtout des hommes de Dieu qu’il fallait former, conquérants pacifiques, se servant de leurs armes pour sauvegarder leur existence et celle des opprimés qui viendraient se placer sous leur protection : « Je ne veux pas chercher à séduire les imaginations, disait le cardinal. Je dis les choses telles qu’elles doivent être. L’œuvre à laquelle je vous invite est sans doute une œuvre de courage, mais encore plus une œuvre d’abnégation. Je ne veux que des hommes qui se résignent à vivre pauvres, dans les travaux et les fatigues, sans récompense humaine, sans traitement, sans solde, se contentant, comme ont fait les apôtres, du vêtement qui les couvre et des aliments qui soutiendront leur vie, consacrant tout ce qu’ils ont d’intelligence, d’ardeur, d’énergie, à l’accomplissement d’une œuvre qui intéresse leur patrie, l’humanité, et par suite, dans l’avenir, la religion, les âmes. »

En conséquence de ce programme, la congrégation

naissante fut organisée d'une façon très sérieuse. Ceux qui se présentaient pour en faire partie, devaient passer successivement par les épreuves du postulat et du noviciat, qui se terminaient non par des vœux, mais par un engagement de cinq ans, renouvelable du consentement des contractants et des supérieurs.

Pour former de tels hommes, il était nécessaire de choisir avec prudence parmi les nombreuses recrues qui se présentaient. Sur 1.700, on en accepta une vingtaine, et on les installa dans une maison construite sous la direction de M. l'abbé Tournier par les pénitenciers que l'administration militaire avait mis à la disposition du cardinal. Mgr Combes bénit le 21 décembre 1890 ce monastère-caserne, dont le P. Hacquart fut nommé supérieur. Au mois d'avril de l'année suivante eut lieu la cérémonie de la prise d'habit des premiers novices. Le costume, à moitié religieux et à moitié guerrier, se composait d'une tunique de laine blanche avec croix rouge sur la poitrine, panache rouge et croix dorée sur le casque. Dans l'allocution que le cardinal adressa à ses pionniers et à l'assistance nombreuse et choisie qui se pressait dans la chapelle, il eut soin de faire ressortir le caractère pacifique de l'œuvre. Il fallait agir ainsi pour rassurer les Etats de l'Europe, qui auraient pu s'inquiéter de cette création d'une troupe de soldats libres.

Un moment, le gouvernement français fut sur le point de se servir des frères armés dans une expédition au Touat. Ils se seraient établis à In-Salah, limite extrême de nos possessions. Mais la diplomatie fit échouer tous ces projets. Le Maroc en particulier s'en était alarmé, et M. Cambon, à la suite d'un voyage en France, vint prévenir le cardinal que toute négociation était rompue, et que devant les difficultés suscitées par les Etats européens qui avaient des possessions dans l'Afrique équatoriale, le gouvernement de la république ne voulait pas utiliser les Frères armés du Sahara. Les Pères Blancs pouvaient d'ailleurs être assurés que les mesures nécessaires seraient prises pour leur protection partout où ils s'établiraient dans le Sud.

Par ordre du cardinal, Mgr Livinhac fit connaître à Mgr Toulotte, supérieur de la communauté des Frères, la décision gouvernementale. Il laissait pressentir aussi la possibilité du licenciement des auxiliaires, pour en revenir à la mission apostolique pure et simple, sans autres armes que le dévouement et la prière. Le 15 novembre suivant, Mgr Lavigerie envoyait le P. Duval à l'oasis pour rendre à la liberté les vingt et un frères qui formaient la petite congrégation des pionniers du Sahara. Ce fut une grande épreuve pour ces hommes pleins de bonne volonté, qui avaient rêvé de se dévouer à l'œuvre chevaleresque entreprise par le grand cardinal. Quelques-uns d'entre eux furent acceptés dans la congrégation des Pères Blancs, comme frères coadjuteurs. Les autres retournèrent dans leur patrie, ou furent pourvus de carrières civiles convenables. L'archevêque de Carthage, en voyant s'évanouir ainsi les espérances qu'il avait conçues, apprenait à se détacher de plus en plus de tout ce qui lui tenait au cœur. Dieu préparait son serviteur au sacrifice suprême, qui allait couronner tous les autres. La mort était proche ; l'heure de la récompense allait sonner pour le vaillant évêque.


## III


Au soir de la solennité de la bénédiction des cloches de Saint-Louis de Carthage, le cardinal avait voulu bénir la tombe qu'il s'était préparée dans la basilique, au pied du trône épiscopal. Accompagné des scolastiques, il s'était rendu auprès du caveau funéraire. Là, il avait adressé ces graves paroles aux assistants profondément émus : « Je craindrais de vous attrister par cette cérémonie, mes chers enfants, leur dit-il, si je ne voyais pas pour vous et pour moi, une occasion de pensées salutaires. Dieu m'a fait cette grâce de ne pas passer un seul jour de ma vie sans songer à la mort, sans la voir comme présente par la pensée, et ma santé si souvent chancelante a contribué à me rendre cette pensée encore plus familière. Aussi, à mesure que les années s'écoulent et me rapprochent du moment suprême, elle devient encore plus habituelle et domine en moi tout le reste. J'y ai toujours trouvé, j'y trouve deux grands avantages que l'Esprit-Saint nous enseigne lui-même : le premier est d'apprendre de la mort à bien régler sa vie, *memorare novissima tua et in æternum non peccabis ;* le second est de s'exciter, chaque jour, au travail, à mesure que le temps nous échappe : *Dum tempus habemus, operemur bonum ; venit nox in qua nemo potest operari.* C'est pour cela que je viens, ce soir, près de ce tombeau, au moment où je vais encore, pour un temps me séparer de vous, afin d'apprendre à mieux employer ce qui me reste de vie et travailler jusqu'à la fin..... Je viendrai, un jour, qui ne saurait plus tarder beaucoup, dans ce tombeau, non plus pour un moment, mais pour toujours. C'est là que j'aurai besoin de vos prières, car ce sera le moment du compte que j'aurai à rendre au Juge suprême de mon administration. J'ai voulu précisément, que ce tombeau fût au milieu de vous, parce que vous, du moins, vous vous souviendrez de votre père et vous implorerez sur lui la miséricorde de Dieu. C'est ce que je vous demande humblement, en retour de mon amour paternel, de mes fatigues, de mes peines : *Miseremini mei, saltem vos, amici mei !* » Ayant achevé ces paroles, le cardinal récita les prières de la bénédiction ; il descendit ensuite dans son dernier palais, et y resta quelque temps plongé dans une méditation profonde. Est-il rien de plus beau que le calme d'un homme qui envisage ainsi la mort en face, plein d'une humble confiance en la bonté miséricordieuse du Dieu qu'il a si bien contribué à faire aimer?

Les innombrables travaux auxquels Mgr Lavigerie avait voué son existence avaient usé ses forces avant le temps. Dans le cours du mois de novembre 1897, le mal dont il souffrait s'était aggravé.

« Depuis quelques semaines, le cardinal n'était plus le même. La loi fatale s'exécutait sur l'organisme entier de cet être si puissant. L'intelligence s'absorbait dans des soins matériels ou s'en allait à des projets sans consistance. Le cercle d'horizon se rétrécissait en s'obscurcissant : on sentait l'approche de la nuit. Un état de somnolence pesait sur ses journées, y compris le temps de la messe, à laquelle il continuait d'assister chaque jour. Sa fin devenait imminente. Le jeudi 24 novembre devait être le jour funèbre. » (1)

Ce jour-là, après avoir communié et fait son action de grâces, il voulut se lever suivant sa coutume, et il appela les deux frères qui lui prêtaient leur aide pour s'habiller chaque matin. Mais, hélas ! il s'aperçut que la paralysie avait fait de nouveaux progrès, et qu'il lui était impossible de se tenir debout. On le remit sur son lit. Il ne devait plus se relever.

Le mal augmenta rapidement : la parole devint de plus en plus difficile. Bientôt l'insomnie s'empara de lui, on crut que c'était un bienfait, et que sa forte constitution allait triompher encore de cette crise. Vain espoir ! Le vendredi matin, vers une heure, on constate les symptômes d'une congestion cérébrale. Il n'y avait pas à hésiter, c'était l'heure de l'Extrême-Onction. Le P. Michel lui administra ce sacrement, qu'il reçut en pleine connaissance, et avec les sentiments de la foi et de la piété la plus vive.

Le soir, vers dix heures et demie, l'agonie commençait. La Providence avait réuni autour de lui ses amis, et des représentants de toutes ses œuvres

(1) *Le Cardinal Lavigerie*, par Mgr BAUNARD, T. II, p. 667.

d'Afrique : Mgr Dusserre, son coadjuteur au diocèse d'Alger; Mgr Livinhac, son assistant pour la société des Pères Blancs; Mgr Grussenmeyer et M. Roffat, ses vicaires généraux; le R. P. Buffet, supérieur des jésuites, son confesseur; M. Tessier, son secrétaire; le R. P. Delattre, archiprêtre de la cathédrale de Carthage; le R. P. Michel, supérieur de l'Ecole apostolique; M. Bombard, secrétaire de l'archevêché de Carthage; la Mère Salomé, supérieure des sœurs de Notre-Dame-des-Missions-d'Afrique; la sœur de Bon-Secours qni l'avait soigné avec un dévouement si intelligent pendant sa longue maladie; enfin toute sa famille épiscopale.

Vers minuit, Mgr Dusserre commença les prières des agonisants. Pendant ce temps, les soupirs devenaient de plus en plus rares, le dernier moment approchait.

Mgr Dusserre, s'adressant alors aux assistants, leur dit : « Mes amis, baisons une dernière fois cette main qui nous a si souvent bénis. »

Le premier, le prélat se prosterne et baise respectueusement la main droite du mourant. Les personnes présentent l'imitent. Peu après, Mgr Lavigerie rendait sa grande âme à Dieu. Il avait soixante-sept ans (1).


## IV


L'Algérie, qui considérait le cardinal comme une de ses plus pures gloires, lui fit des funérailles splen-

(1) Cfr. *Missions catholiques*. Lettre du P. Michel, 29 nov. 92.

dides. Le gouvernement, obéissant à un bon mouvement et à un sentiment de justice, avait décidé que des honneurs exceptionnels seraient rendus à l'archevêque d'Alger et de Carthage. C'était un acte de reconnaissance à l'égard du grand patriote, qui avait tant souffert pour son pays.

La cérémonie funèbre commença vers huit heures à la cathédrale. L'édifice était tendu de draperies rouges. Le corps du prélat reposait sous un dais d'or, dans un cercueil enveloppé de pourpre. Les évêques d'Algérie et de Tunisie, les Pères Blancs, le clergé étaient là pour honorer et pleurer leur chef, leur guide, et leur père. Mgr Dusserre et Mgr Brincat, accompagnés des prêtres qui formaient la famille épiscopale du défunt, conduisaient le deuil. M. Cambon, gouverneur de l'Algérie, était près d'eux, représentant officiellement la république française. Toutes les autorités civiles et militaires remplissaient le reste de l'église. Il avait fallu exclure la foule.

Le saint Sacrifice fut célébré par Mgr Combes, évêque de Constantine. C'était la messe *de Requiem* en plain-chant. Rien de majestueux comme cet unisson formé par quatre ou cinq cents voix, auxquelles la toute-puissance de l'orgue venait joindre ses harmonies grandioses. Après la messe, Mgr Combes épancha sa douleur filiale en quelques paroles émues. Il traduisit les sentiments de tous ceux qui avaient connu et aimé le grand cardinal. Ce n'était pas une oraison funèbre, mais la plainte résignée d'un fils, et le cri d'admiration d'un témoin autorisé des œuvres du grand évêque.

Immédiatement après l'allocution, les cinq absoutes prescrites par le cérémonial furent données. Sans doute les œuvres du cardinal avaient plaidé éloquemment en sa faveur auprès du souverain Juge, mais dans toute vie humaine il y a des faiblesses. Qui donc connaît les mystérieuses exigences du Dieu qui voit des taches jusque dans ses anges ? Et c'est pourquoi, sur tout cercueil qui lui est présenté, l'Eglise, notre mère, fait retentir ses ardentes supplications : *Kyrie eleison... Christe eleison...* Seigneur, ayez pitié de cette âme, donnez-lui le repos éternel !

Rien de beau comme le cortège triomphal qui, à la suite de la cérémonie, parcourut la ville d'Alger. La garnison tout entière était là, formant une double haie, contenant la foule immense, qui se pressait pour voir ce grand et religieux spectacle. En tête s'avançaient les enfants des paroisses conduits par les curés ; puis les Pères Blancs, cette admirable création du grand cardinal, la plus belle peut-être des œuvres que son génie a fait jaillir autour de lui, sur la terre africaine ; le clergé et les évêques ; le général de division remplaçant le commandant du dix-neuvième corps absent, et l'amiral de l'escadre de Toulon, entourés tous deux d'un brillant état-major. Le char funèbre venait ensuite, traîné par huit chevaux caparaçonnés de noir. Au passage de la dépouille mortelle du prélat, les soldats présentaient les armes.

A l'arrivée du cortège à l'amirauté, le cercueil fut

placé sur un catafalque. A ce moment M. le gouverneur de l'Algérie s'avança au milieu de NN. SS. les évêques et de l'assistance groupée autour d'eux, et d'une voix émue, prononça quelques paroles d'admiration, de regrets et d'adieu :

« Le moment est venu ; je ne puis me rendre à la « prière de Monseigneur l'Archevêque d'Alger.

« Je ne puis laisser partir, sans un mot d'adieu, cet « homme que la France honore aujourd'hui.

« Le cardinal a voulu que son corps fût porté à Car-« thage, mais il nous a laissé son cœur ; c'est ici, en « effet, qu'il a commencé, entrepris, poursuivi la « grande œuvre de sa vie.

« A une heure où personne ne pensait à l'Afrique, « il a voulu la conquérir à la France et à la civilisa-« tion.

« Il a été bon Français et bon Européen, précur-« seur de tous ces hardis voyageurs, de ces marins, « de ces soldats qui donneront à ce siècle quelque « chose de la gloire des conquérants du nouveau « monde.

« Toute sa vie, il a lutté, Dieu sait parfois au prix « de quelles amertumes. Il était né pour l'action ; son « esprit était de ceux qui regardent où ils vont et « non d'où ils viennent. C'est ainsi qu'il était venu à « la République.

« Il me le disait souvent à moi-même : « Je suis le « serviteur d'un Maître qu'on n'a jamais pu renfer-« mer dans un tombeau. »

« Qu'il me soit permis de dire aussi combien il était

« bon et tendre à ceux qu'il aimait, passionné dans
« ses affections, enflammant tous ceux qu'il appro-
« chait de son ardeur généreuse. »

« Sa mémoire leur restera chère, et la France, qu'il
« a tant aimée, gardera son souvenir, comme celui
« d'un ses plus nobles, d'un de ses meilleurs en-
« fants. »

Après ce discours, le cercueil fut descendu sur un
chaland orné de draperies rouges, pour être transporté à bord du *Cosmao*. Une autre chaloupe était
destinée à NN. SS. les évêques et à quelques
membres du clergé ; d'autres aux autorités militaires
et aux autorités civiles.

« Quand tout fut prêt, raconte un témoin, sous
l'impulsion d'un remorqueur, la flottille se mit en
mouvement dans la direction du *Cosmao* ; d'abord la
baleinières des évêques, puis le chaland qui portait le
cercueil, entouré des autres embarcations comme
d'une garde d'honneur.

« Les canons de l'Amirauté et du croiseur tonnent
à pleines décharges ; les marins des huit torpilleurs
récemment entrés en rade présentent les armes ; tous
les bâtiments du port déploient leur drapeau national ;
les couleurs de la France pendent tristement en
berne, des centaines de barques montées par les habitants de la ville, louées à prix d'or, couvrent les
eaux du bassin ; la foule garnit les parapets du quai
sur plus d'un kilomètre de longueur. Le spectacle de
tout à l'heure, si imposant déjà, est dépassé par celui
qu'on a maintenant sous les yeux.

« Nous voilà près du navire. La chaloupe portant les restes mortels du cardinal s'approche jusqu'à le toucher. A l'aide de fortes poulies, on sou-
lève lentement le cercueil, on le hisse sur le pont, et,
là, on le fait descendre presque à fond de cale, dans
un emplacement transformé en chapelle ardente. Peu
à peu NN. SS. les évêques et toute l'assistance qui
les a accompagnés montent sur le croiseur. L'évêque
de Constantine s'avance vers cette fosse d'un nouveau
genre qu'on fermera tout à l'heure, mais qui pour
le moment s'offre au regard, et devant l'entourage
recueilli chante une dernière absoute : « *Requiem*
« *æternam dona ei, Domine, et lux perpetua luceat*
« *ei !* »

« Que cette prière, belle toujours, l'était donc plus
que de coutume encore à cette heure, sur le pont de
ce vaisseau, en face l'indescriptible panorama que
dessinent et déroulent autour du golfe les montagnes
de Kabylie étagées de proche en proche jusqu'à la
mer, sous le grand ciel bleu qui s'étendait des cimes
lointaines du Djurjura aux collines fleuries d'Alger !

« *Requiem æternam !* Le repos éternel à cet apôtre
infatigable, à ce vaillant ouvrier, à cet intrépide soldat. Ses dépouilles terrestres aborderont demain aux
rivages devenus hospitaliers de Tunis et de Carthage !
Que son âme entre dans l'hospitalité bienheureuse
et sans fin. »

## V

Le corps du cardinal Lavigerie arriva le 5 décembre, à trois heures et demie, par le nouveau chenal donnant accès au port de Tunis, à l'extrémité de l'avenue de la Marine. Décrire la cérémonie qui eut lieu deux jours après dans la cathédrale de Tunis serait une redite de ce qui s'était passé à Alger. L'attitude des indigènes sur le parcours du cortège fut particulièrement remarquable : tous avaient une vénération profonde pour le cardinal, et au milieu des couronnes il s'en trouva une donnée par eux.

L'inhumation à Carthage eut lieu le 8 décembre, sans caractère officiel. Après un service religieux célébré par le R. P. Delattre, le corps de Mgr Lavigerie fut déposé dans le tombeau qu'il s'était fait ériger dans la cathédrale et dont il avait confié l'exécution au célèbre sculpteur romain Anderlini.

Une des premières préoccupations de Mgr Combes, successeur de Mgr Lavigerie à Carthage, a été d'élever un monument funèbre à son illustre prédécesseur, dans la basilique où lui-même avait marqué la place de son tombeau. Il a adressé un appel à la Tunisie, à l'Algérie, à la France. Ces trois portions d'une même patrie ont répondu à l'appel du prélat.

L'inauguration a eu lieu le 29 janvier 1899, à 9 heures. Mgr Combes, archevêque de Carthage, officiait en présence de Mgr Gazaniol, évêque de Constantine et d'Hippone; Mgr Livinhac, évêque de Pacando; NN. SS. Toulotte, évêque de Tagaste; Streicher, évêque de la Région des grands lacs de l'Afrique équatoriale; Tournier, évêque titulaire d'Hippozaryte; Polomeni, évêque de Ruspe, et deux protonotaires apostoliques : Mgr Pizzoli et Mgr Charmetant, directeur général de l'œuvre des Ecoles d'Orient.

M. Millet, résident général de France, les généraux Larchey et de Sermet, les chefs de service et les notabilités de la colonie assistaient à la cérémonie.

Le monument, qui a été élevé sur le côté gauche de la cathédrale, se compose d'un tombeau sur lequel le cardinal est à moitié étendu; à gauche et à droite, des groupes de nègres; devant, deux moines en marbre blanc, agenouillés, prient.

A la fin de la cérémonie, S. Em. le cardinal Perraud a prononcé l'éloge du cardinal défunt.

Voici une analyse de quelques passages de ce beau morceau d'éloquence (1) :

« La qualité maîtresse du cardinal Lavigerie fut la charité.

« Il organisa la lutte contre l'esclavage en dépit de son grand âge, il stimula le gouvernement, et il put, avant de mourir, saluer le résultat obtenu par le pacte de Bruxelles, qui porte dans ses flancs la fin de l'esclavage, et qui sera l'honneur de cette fin de siècle.

« Le cardinal avait compris que l'aggravation de

_______

(1) Cf. *la Croix* du 29 janvier 1899.

l'esclavage tient au développement du mahométisme; aussi encouragea-t-il les efforts des missionnaires. Dès 1868, il jetait les fondements d'une Société d'évangélisation qui, de la Kabylie, s'étendit jusqu'au Sahara et au Soudan, semant de ses ossements blanchis les sentiers des forêts de l'Afrique équatoriale. Ce fut une œuvre de lumière et de liberté, qui enfanta des âmes à la vérité. Les œuvres du cardinal sont symbolisées dans ce monument qui est un poème. Les assistants verront cette femme kabyle tenant un enfant affamé, en face d'un groupe de nègres, naguère païens, tenant des chaînes brisées.

« La France doit la Tunisie en grande partie à Mgr Lavigerie dont l'initiative hardie prépara le protectorat. La situation prospère de la Tunisie et la mise en état de défense de Bizerte doivent nous consoler des sacrifices imposés à notre amour-propre sur d'autres points, sacrifices auxquels la France s'est résignée pour éviter la guerre.

« Deux ans avant sa mort, Mgr Lavigerie disait qu'il semait la liberté et la vie.

« Ses paroles se sont réalisées, je suis heureux de le dire devant le résident général de France, les fonctionnaires et les chefs de l'armée, en qui je salue le drapeau; et je suis heureux de protester contre les outrages qui, depuis dix-huit mois, sont versés par des hommes sans patriotisme ni pudeur.

« Le Pape écrivait au cardinal Lavigerie :

« Vous êtes des hommes qui méritèrent le mieux de l'Eglise et de la civilisation. »

## VI

Ne pouvons-nous pas en terminant ce récit, répéter le mot qui l'a commencé : Mgr Lavigerie a été *un grand apôtre!*

Pendant un quart de siècle, il a exercé son apostolat sur cette terre d'Afrique, où s'agitent tant de questions importantes, où tant d'intérêts politiques et matériels, moraux et religieux se trouvent en présence les uns des autres. Pour la diffusion du christianisme dans le continent noir, il a créé des œuvres si considérables et si nombreuses, que nous croyons pouvoir l'appeler *le grand apôtre de l'Afrique au XIX*e *siècle.* Le monument qu'on vient d'élever à Carthage rappellera aux âges futurs les magnanimes labeurs de cet émule de Las Cases, de ce protecteur des opprimés, de cet apôtre qui aura si bien mérité qu'on lui applique ces touchantes paroles de saint Cyprien : « Nous nous sommes sentis captifs avec ceux de nos frères qui étaient enchaînés. Leurs douleurs et leurs périls ont été nos périls et nos douleurs ; et ce sont tout à la fois la charité fraternelle et la religion, qui nous inspirent la pensée de nous dévouer au rachat de nos frères. »

Le cardinal Lavigerie a entendu et réalisé pleinement et l'appel du Maître : « Je vous ai choisis afin que vous accomplissiez des œuvres de sanctification pour les âmes, et que ces œuvres demeurent. » Oui, les fruits de son action apostolique demeureront car il a laissé pour la continuer, des hommes remplis de son esprit, animés de sa foi ardente et de son courage indomptable : les Pères Blancs !

Il a été aussi *un grand patriote*. Il pensait que le développement de l'influence française et la propagation de l'Evangile devaient marcher du même pas et triompher en commun. Entravé quelquefois dans ses œuvres par des hommes qui auraient dû l'admirer et l'aider, il ne s'est pas découragé, et a sollicité de la charité privée les secours que lui refusaient les pouvoirs publics. Il voyait, au-dessus de ceux qui méconnaissaient ses services, la France qu'il voulait puissante, glorieuse et respectée. Lorsque notre protectorat fut établi en Tunisie, il contribua autant que M. Paul Cambon, notre premier résident général, à triompher des difficultés qui arrêtaient l'œuvre de la France en ce pays.

Que Dieu suscite dans notre chère patrie des hommes de cette trempe ; des hommes tout dévoués à la cause de Dieu qui s'inspirent de ses exemples ; des hommes dévorés de la sainte passion du bien, et résolus à tout sacrifier pour étendre dans la sphère de leur action le règne de Notre-Seigneur Jésus-Christ, et l'influence civilisatrice de la France.

FIN

# TABLE DES MATIÈRES

## CHAPITRE IX



## CHAPITRE X



## CHAPITRE XI

PERLVSTRAT
VFLOCI CVRSV
VT ALIGER ORBE
A
Ω
IN PRI
CIPIO
ERAT
VERBV